vabsp VAL
153.3 MIRAL

Miralles, Francesc, 1968- author
Los lobos cambian el rio
33410017255482   09-18-2021

Los lobos cambian el río

FRANCESC MIRALLES

Los lobos cambian el río

EDICIONES OBELISCO

Si este libro le ha interesado y desea que le mantengamos informado
de nuestras publicaciones, escríbanos indicándonos qué temas son de su interés
(Astrología, Autoayuda, Psicología, Artes Marciales, Naturismo,
Espiritualidad, Tradición…) y gustosamente le complaceremos.

Puede consultar nuestro catálogo en www.edicionesobelisco.com

Colección Espiritualidad y Vida interior
Los lobos cambian el río
Francesc Miralles

1.ª edición: abril de 2021

Corrección: *M.ª Jesús Rodríguez*
Diseño de cubierta: *Coverkitchen*

© 2021, Francesc Miralles
(Reservados todos los derechos)
© 2021, Ediciones Obelisco, S. L.
(Reservados los derechos para la presente edición)

Edita: Ediciones Obelisco, S. L.
Collita, 23-25. Pol. Ind. Molí de la Bastida
08191 Rubí - Barcelona - España
Tel. 93 309 85 25
E-mail: info@edicionesobelisco.com

ISBN: 978-84-9111-714-8
Depósito Legal: B-4.084-2021

Impreso en los talleres gráficos de Romanyà/Valls S. A.
Verdaguer, 1 - 08786 Capellades - Barcelona

Printed in Spain

Reservados todos los derechos. Ninguna parte de esta publicación, incluido el diseño de la cubierta, puede ser reproducida, almacenada, transmitida o utilizada en manera alguna por ningún medio, ya sea electrónico, químico, mecánico, óptico, de grabación o electrográfico, sin el previo consentimiento por escrito del editor. Diríjase a CEDRO (Centro Español de Derechos Reprográficos, www.cedro.org) si necesita fotocopiar o escanear algún fragmento de esta obra.

*No tienes la obligación de ser la misma persona
que eras hace cinco minutos.*
ALAN WATTS

1

Esta mañana me he levantado con la extraña certeza de que una parte de mi vida ha terminado ya, y justo ahora empieza otra.

Podría ser una ilusión. Hace muchos años, casi media vida, que deseo pasar página en muchos sentidos. Pero del mismo modo que sucede con la gravedad, que nos cuesta escapar de ella y levantar el vuelo, es difícil liberarse de la inercia de una vida. O de muchas vidas.

Aunque no creas en las constelaciones familiares, hay patrones de nuestros padres que perpetuamos en nuestra existencia, del mismo modo que ellos heredaron su propia carga.

De mi madre yo heredé una moral de trabajo calvinista. Desde muy pequeño, la recuerdo cosiendo de sol a sol, de lunes a domingo. De hecho, muchos días se levantaba antes del alba y se acostaba pasada la medianoche.

Se llamaba Marta y provenía de una familia muy pobre. A los diez años había empezado a trabajar para ayudar a mantener a sus siete hermanos y a su padre, que nunca se dignó a tener un empleo. Hablaré de él en otra parte.

Aunque mi padre procedía de una familia burguesa, era un hombre sin ambiciones materiales. Se conformó toda la vida con su sueldo de auxiliar administrativo de una empresa química. Quizás habría bastado para pagar el alquiler y las facturas, pero mi madre quería una vida mejor para mi hermana y para mí que la que ella había tenido. Por eso cosía sin cesar.

A la edad de sesenta años tenía la columna totalmente curvada, de tanto inclinarse sobre la tela, y eso le ocasionó graves problemas respiratorios, entre otras dolencias que acabarían con su vida poco después de los setenta.

Volviendo a mí, tras una infancia rebelde, una adolescencia *punk* y una primera juventud de total confusión, protagonizada por la depresión, la ansiedad y la locura por viajar, al cumplir los treinta era ya como mi madre.

Había encontrado mi lugar en el mundo editorial. Primero como traductor de libros de psicología y espiritualidad. Para poder entregar a tiempo, me marcaba jornadas de más de doce horas, y me sentía eufórico cuando al enviar una traducción me daban el siguiente libro.

Después de treinta años de dispersión, incluyendo la etapa universitaria, mi madre aprobaba con entusiasmo mi cambio vital. Cuando la llamaba para decirle que, después de todo el día tecleando, aún seguiría hasta las dos o las tres de la madrugada, siempre me decía: «¡Trabaja, Facundo!».

Ahora sé que es parte de una canción del cubano Eliseo Grenet sobre un agricultor negro que se desloma en el campo.

Y lo cierto es que el trabajo siguió monopolizando mi vida como editor. Además de pasar el día entero en la redacción, me llevaba manuscritos a la mesita de noche, escribía bajo pseudónimo, investigaba tendencias en revistas extranjeras... Mejor pagado que mi madre, pero tan esclavo como ella.

La adicción a este patrón se manifestó de forma penosa el día de su muerte. Durante la larga agonía de mi madre en la UCI de una clínica, donde yo pasaba las tardes y parte de las noches, recuerdo que estaba redactando un libro de desarrollo personal para una gran editorial.

Era una antología de textos inspiradores a partir de centenares de artículos que yo había publicado en distintas revistas. Fui rescatando ese material para separar una cápsula para cada día del año.

Aunque tenía ya la base para el libro, era una tarea muy trabajosa que me obligaba a leer, releer, sintetizar, poner títulos... Desde que mi madre estaba ingresada, además, dormía mal y me costaba concentrarme durante el día. Por lo tanto, iba más lento que de costumbre.

Hasta hace poco, yo era muy reservado con respecto a mis problemas personales, así que no le dije a mi editor la situación en la que me encontraba. Y él, viendo que me retrasaba, empezó a presionarme para que no entregara ni una hora más tarde de la prórroga que ya me había dado.

Creo que el *deadline* final era un mediodía que he hecho grandes esfuerzos por olvidar. De hecho, jamás he contado esto a nadie, ni siquiera a mi pareja o a mi mejor amigo. Pero siento que ahora es el momento de hacerlo.

Llegó el día en que tocaba entregar el manuscrito antes de la hora de comer, porque justo entonces lo darían al corrector para que el libro pudiera salir en la fecha prevista. Ir siempre tarde es uno de los argumentos de mi vida, y lo que ahora explicaré fue la prueba más cruel.

La noche antes, mientras acompañaba a mi madre en la UCI, había notado un cambio muy inquietante. Aunque ella estaba ya muy débil y llevaba máscara de oxígeno, le gustaba que me sentara a su lado. Especialmente quería que le contara cosas de Niko, mi hijo, que por aquel entonces era poco más que un bebé.

Aquella última noche yo le traía una foto que había hecho para ella. Se veía a Niko muy sonriente entre sus padres. Al acercarme a la cama de mi madre, seleccioné esa foto en mi móvil para mostrársela. Sin embargo, tras mirarla un breve instante giró la cara sin decir nada. Nunca lo había hecho hasta entonces.

A la mañana siguiente, yo estaba aporreando el ordenador en la recta final del manuscrito. Me quedaba una hora escasa de trabajo para terminar, cuando sonó el teléfono.

Me llamaban de la clínica para decirme que mi madre estaba expirando. «Si quiere despedirse, tendrá que venir ahora», me dijo el médico. «Sí, enseguida vendré».

Por increíble que parezca, en lugar de salir de casa a buscar un taxi, dediqué una última hora a terminar el libro. Lo envíe por e-mail al editor pocos minutos antes del *deadline* y sólo entonces corrí hacia la clínica. Cuando llegué, mi madre ya estaba muerta.

No pudimos despedirnos y durante mucho tiempo eso me provocó una dolorosa y secreta culpabilidad. Me parecía un acto demasiado vergonzoso para compartirlo con nadie.

Con el tiempo, no obstante, he entendido que no hice otra cosa que seguir su ejemplo. Por cumplir con una tarea, no le dije adiós, pero creo que es lo que ella habría querido que hiciera.

2

He decidido que el trabajo deje de ser el centro de mi vida. Sé que me lo he propuesto muchas veces y no he sido capaz de cumplirlo.

En mi agenda, que llevo de manera pedestre en un documento de Word, he escrito en repetidas ocasiones sobre una fecha determinada (normalmente, el día después de una entrega agotadora) las palabras «*new life*».

Sin embargo, al llegar a esa «nueva vida», el día y la semana y el mes ya estaban copados por otras obligaciones y urgencias.

Esta vez siento que es distinto. Más que eso, lo sé. ¿Por qué ahora sí? Quizás, simplemente, porque éste es el momento. Como decía Andy Warhol:

Cuando las personas están preparadas, entonces cambian.
Nunca lo hacen antes, y a veces mueren antes de dar el primer paso.
No puedes hacer que nadie cambie si no quiere,
del mismo modo que, cuando alguien quiere cambiar,
es imposible detenerlo.

Reconozco que el hecho de escribir esta suerte de biografía me ayuda en mi propósito. Una palabra escrita tiene mucha más fuerza que mil pensamientos. Un propósito en el papel –analógico o digital– es ya un contrato con uno mismo, un acto de fe.

Tal vez por eso he tardado tanto en escribir lo que estás leyendo. Los últimos años anuncié su publicación varias veces, pero nunca llegué a empezar. En Internet también hay palabras escritas, trillones de ellas, pero son efímeras y desaparecen en los abismos de la red. En cambio, lo que se escribe en un libro queda para siempre.

Antes he dicho que esto es una «suerte de biografía» pues, honestamente, no escribo porque piense que mi vida es importante. Pero sí han sucedido cosas y he descubierto otras que me parecen relevantes para comprender el difícil arte de vivir.

Incluso para mí mismo, por eso las escribo.

Trato de entender y de compartir los misterios de la vida y del destino humanos. Escribo contra la soledad, la tuya y la mía, porque vamos a caminar juntos por los paisajes cambiantes de la existencia.

En definitiva, escribo con la esperanza de que lo que voy a contar te aporte, antes o después, una nueva luz.

3

Redacto estas páginas con el *OmmWriter*, un procesador de textos zen obra del estudio barcelonés Herraiz Soto. Lo descubrí hace diez años, pero no ha sido hasta ahora que lo estoy usando.

Está diseñado para eliminar cualquier distracción visual, como herramientas, ventanitas, reglas, etc. Las letras van apareciendo sobre un paisaje nevado, un cielo azul o un suave contorno montañoso, con bandas sonoras relajantes que acabas quitando, porque el silencio invita mucho más a llenarse de sentido.

He elegido esta aplicación porque el Word me recuerda a las decenas de miles de páginas que he escrito en mi vida bajo contrato. Y aquí el único contrato que tengo es conmigo mismo y con quien ahora me acompaña. Gracias por estar aquí.

No sé quién eres, pero espero que nos hagamos amigos a lo largo del viaje.

Cuando me preguntan por mi vocación, siempre digo que hasta los treinta años jamás pensé en ser escritor. Ni siquiera era un gran lector, pese a haber estudiado Filología Alemana.

Mis primeras obras las redacté en la máquina de escribir de mi abuelo paterno. Estaba fascinado por aquella Underwood de hierro que pesaba como un muerto dentro de su maletín, y algunos fines de semana lograba que me la prestara.

La fijación por este objeto me venía de haber visto alguna vez la serie *Perry Mason*, quien tecleaba sus informes en una máquina similar.

En mi caso, yo cargaba un folio en el rodillo y escribía *thrillers* a la manera de Ian Fleming, el autor de James Bond, con una extensión de dos páginas. No sé cómo lograba condensar en tan poco espacio la introducción, nudo y desenlace. Hoy día no sabría hacerlo. Recuerdo que uno iba sobre un tren cargado de material nuclear y otro de un cohete recubierto de oro que ponía destino al Sol.

Tendría ocho o nueve años cuando compuse aquellas historias que nunca enseñé a nadie. Escribía por el mero placer de sentir el olor de la tinta en el carrete, la presión de mis pequeños dedos sobre las teclas y el metralleo de cada letra sobre el cilindro.

Cuando sacaba el folio de la máquina, me quedaba impresionado. De algún modo, al contemplar el papel escrito me daba cuenta de que la historia ya existía fuera de mí, más allá de mí.

4

Care Santos me confesó en una ocasión que jamás podría escribir una biografía. Al preguntarle por qué, me vino a decir: «Ya he usado cada fragmento de mi vida para contarlo, troceado, en mis novelas».

No sé si yo podría decir lo mismo, pero ciertamente he escrito muchos libros y medio millar de historias de vida en mis noticias del lunes, algunas de las cuales me servirán para viajar a ciertos momentos que voy a compartir.

Si hubiera escrito estas memorias hace un par de siglos, seguramente habría empezado por el primer recuerdo de mi vida, en lugar de viajar del presente al pasado todo el tiempo. Bueno, en este capítulo voy a rescatar esa escena.

En una novela juvenil que pocos han leído, *La vida es una suave quemadura*, la conté así:

> Yo tenía tres años y subía de la mano de mi madre por la Rambla de los Pájaros. Deduzco que veníamos del mercado de la Boquería, porque ella llevaba una bolsa de fresas cuando nos detuvimos delante de un loro, grande y verde, que saludaba alegremente a los paseantes desde su jaula. Mi madre extrajo una fresa de la bolsa y me dijo: «Dásela» […]
>
> Tomé la fresa por las hojitas y la introduje entre los barrotes con mucho cuidado, porque tenía miedo de que el loro me picara. Cuando el pájaro vio que asomaba la fruta, me la arrebató con el pico y, acto seguido, la agarró con una pata para poder comérsela trocito a trocito. Recuerdo que me quedé extasiado ante aquel loro, que se tenía en pie con una pata mientras con la otra sostenía la

fresa, a la que daba pequeños picotazos. Comía sin ni siquiera mirarnos, con soberbia incluso, como si aquello que acababa de recibir le correspondiera por derecho propio.

Ése es mi primer recuerdo de niño, que asigné al protagonista de mi novela, pero curiosamente visualizo con mucha más nitidez mi primera pesadilla.

En mi sueño, estaba sentado en la cama y en la pared veía reflejado un laberinto inmenso, con miles de caminos y bifurcaciones que eran mi propia vida. Y yo estaba allí en medio, perdido en la inmensidad de opciones de la existencia.

Aquella visión me causó tanto terror que me desperté gritando y mi madre tuvo que venir a consolarme. Yo era muy pequeño, así que no creo que fuera capaz de explicarle aquella pesadilla.

El laberinto infinito, sin embargo, me acompañó durante muchos años.

Nos acercábamos al fin del franquismo y las noticias hablaban siempre de desempleo, de navajeros y yonquis, de falta de oportunidades, mensaje que reforzaban algunos maestros de la Salle Condal, la escuela religiosa donde yo estudiaba en una promoción muy poco brillante.

—Tendréis suerte si os emplean para sacar la basura de un restaurante –nos dijo una tarde un profesor.

En aquella Barcelona gris, yo me angustiaba pensando en el futuro, y el laberinto de la vida acudía a menudo a mi mente. Entonces me formulaba un deseo que ahora me asombra:

«Me gustaría ser viejo. Estar jubilado y haber vivido ya».

5

De mi infancia también recuerdo la última vez que fui fuerte. Esto puede sonar extraño, pero a los tres años crucé una línea divisoria entre quien yo había sido y quien sería a partir de entonces.

Ya de muy pequeño era pendenciero, de grandes rabietas en casa y desafiante en la calle. Hasta que, de repente, me encerré dentro de un capullo de timidez que me acompañaría ya para siempre.

Mi último recuerdo como niño salvaje tuvo como escenario las escaleras que daban al jardín de mi parvulario. Yo estaba en lo que hoy es P3 y, por algún motivo, había una niña de clase a la que quería impresionar. Al verla allí, siguiendo un impulso me lancé sobre un compañero de clase que estaba al pie del primer escalón.

Los dos rodamos por el suelo en una pelea que no tenía razón alguna. Escandalizadas, las maestras vinieron a separarnos y estuvimos castigados el resto de la mañana en un banco del pasillo.

Fue en aquel mismo curso cuando, por motivos que sólo puedo suponer, empecé a encerrarme en el cascarón. En casa seguía siendo un niño difícil y caprichoso, pero fuera empecé a comportarme con extrema reserva y discreción. Procuraba pasar siempre inadvertido, refugiado en mi propio mundo.

Si quiero buscarle una razón psicoanalítica a ese cambio radical, podría atribuirlo a tres motivos distintos.

El primero bien pudo ser el carácter enigmático y silencioso de mi padre. Retraído en grado sumo, cuando no estaba trabajando, se encasquetaba unos grandes auriculares para escuchar música clásica durante horas, mientras leía o corregía diccionarios, una de sus pasiones.

Aunque Marcel, como se llamaba, sólo estudió peritaje mercantil y no fue a la universidad, aprendió tres idiomas extranjeros de forma autodidacta y en casa acumulaba miles de libros que eran su vida. Sus conversaciones con nosotros se limitaban a alguna pregunta puntual sobre los exámenes. Nunca charlaba ni explicaba nada.

Una sola vez me contó una historia. Estando ya acostado, una noche pedí a mi madre que hiciera venir a papá. Pese a su hermetismo, era un hombre de naturaleza amable, así que acudió y se sentó a mi lado en la oscuridad.

Yo había ido con la escuela a ver la estatua de Colón, en el puerto de Barcelona, y nos habían explicado que su dedo apuntaba a América y todo lo que pasó en esa aventura.

Mi padre era un gran viajero, algo que constituía otro de sus misterios. Nada más nacer yo, emprendió una de sus escapadas al extranjero, aunque mi madre no podía moverse de la cama debido a complicaciones del parto. Un tío mío soltero tuvo que cuidar de aquel recién nacido que, desde su cuna, trataba de entender el mundo al que había llegado.

Siempre elegía destinos poco comunes, como Malmö o la Checoslovaquia comunista. Se iba en tren y solía regresar antes de lo que había previsto. Mi hermana y yo lo esperábamos en la puerta, porque sabíamos que de su maleta saldría algún regalo de un lugar lejano.

Las semanas que seguían a sus viajes, recibía cartas de mujeres en idiomas que no podíamos entender.

Por esta pasión viajera que yo heredaría, aquella noche pensé que Marcel sabría explicarme la historia de la Estatua de la Libertad, al igual que nuestra maestra nos había explicado la de Colón.

Mi padre se aclaró la voz y me contó que había sido un regalo de Francia a Estados Unidos para celebrar los cien años de independencia, y que la habían transportado por piezas en diferentes barcos.

Aquel relato me fascinó, pero nunca más tuve un momento de intimidad parecido con mi padre que, al ver que me interesaba por el extranjero, me regaló un atlas.

Aquél se convirtió en mi libro favorito. Durante años, antes de dormir pasaba horas cada noche explorando los contornos de países lejanos; imaginaba cómo sería la vida en pueblos de nombre impronunciable, o qué gentes habitaban aquellas islas minúsculas que parecían flotar en medio de la nada.

Sin haber ido más lejos de Mallorca, me había convertido en un viajero solitario igual que mi padre.

6

El segundo y tercer motivo de mi transformación en niño introvertido están conectados entre sí.

Mis padres, tras casarse, alquilaron un piso de renta limitada donde vivieron hasta su muerte. Era de los pocos de ese tipo que había en Sant Gervasi, un barrio acomodado donde todos los vecinos tenían un nivel económico muy superior al nuestro.

Viví con ellos hasta los veintisiete años en lo alto de la calle Tavern, que recuerda a San Francisco porque es empinada y con aceras estrechas. Un ejemplo literal de la «zona alta» de Barcelona.

Nunca hice amigos en mi barrio, por el simple hecho de que no podíamos hablar de las mismas cosas. Yo no tenía dinero para comprar ropa de marca, ni había ido nunca a esquiar, ni tenía consola o uno de los primeros ordenadores. Era sólo un pobretón que vivía accidentalmente en un feudo de ricos.

Eso contribuyó a que me volviera más inseguro, y la tercera razón fue escolarizarme en un barrio humilde, en un colegio sólo para niños donde los matones de la clase imponían su ley.

Al no jugar con las mismas cartas que mis vecinos, en lugar de ir a la elitista Salle Bonanova –que era la que me correspondía en Sant Gervasi–, mis padres me enviaron a la Salle Condal, que era mucho más económica y se encontraba delante del Palau de la Música.

En aquella época allí iban básicamente niños del Borne, un barrio de clase trabajadora muy diferente a lo que lo han convertido hoy las hordas de turistas.

Nada más iniciar el curso, mis compañeros sólo hablaban de «la banda del Borne», una pandilla de quinquis que iban repartiendo palizas y navajazos. A decir verdad, nunca llegué a verlos, pero el miedo se instaló en mí, dentro y fuera de clase.

Ésta era mi esquizofrenia: vivir en la calle Tavern junto a hijos de ejecutivos –desde mi habitación veía el jardín del propietario de la marca Montblanc– y estudiar en un colegio donde los golpes y las amenazas estaban a la orden del día.

Cada mediodía, al salir al patio, los débiles de la clase recibían todo tipo de humillaciones por parte de los fuertes.

Recuerdo a un infeliz que cada recreo era sujetado entre dos matones que tiraban de sus brazos en dirección opuesta, mientras un tercero empezaba a patearle el trasero. El pobre se revolvía como una fiera salvaje y se le desencajaba toda la cara. Lo tenían así hasta que empezaba a gritar como un loco y, por miedo a los curas –los hermanos de la Salle–, lo soltaban para volver por él al día siguiente.

Me pregunto qué secuelas psicológicas le habrán quedado a él y a otros que fueron maltratados a diario durante los ocho años de la entonces llamada EGB (Educación General Básica).

Desde el primer día que entré en la Salle Condal, cuyos altos muros hacían pensar en una cárcel, me quedé atemorizado ante aquel ambiente brutal. Sin embargo, tuve la suerte de permanecer justo entre los fuertes y los débiles.

Aunque en esa época ya me había convertido en un chico tímido y soñador, por alguna razón despertaba simpatía entre los cabecillas, que amenazaban a otros con el clásico: «A este chaval no me lo toques».

Uno de los líderes decidió que yo compartiera pupitre con él y me tomó bajo su protección.

—Eres guapo, Miralles –me decía a veces, como si esto me liberara de las torturas reglamentarias.

Eso sí, tenía prohibido hacer migas con los débiles, ya que el contacto con ellos se consideraba denigrante.

Viví hasta los catorce años en este ambiente, en una clase de cuarenta y dos chicos que luchaban por el poder o por escapar de la violencia de los poderosos. Eso me encerró aún más en mí mismo.

Pasaba las horas lectivas tratando de evadirme y cada trimestre suspendía cuatro o cinco asignaturas, una inercia que prosiguió en el bachillerato.

El último año fue el mejor, porque los maltratos cesaron ante el reciente interés que suscitaban los discos, el tabaco, los porros y las chicas de escuelas cercanas.

Terminado el curso, fui a mi primer concierto con uno de mis protectores, que siempre tenía el cigarrillo en la boca. Miguel Ríos llevaba su *Rock & Ríos* a un escenario gigantesco frente a las fuentes de Montjuïc con decenas de miles de espectadores. El roquero de Granada lo dio todo en un largo show que me dejó impresionado.

No volví a ver a aquel compañero ni a nadie de mi antigua escuela. Estaba a punto de empezar una nueva y aún más extraña fase de mi vida.

7

Antes de seguir con mi peripecia vital, quiero detenerme un poco en el despertar de la creatividad.

Hace veinte años que una faceta muy importante en mi vida es descubrir y potenciar el talento de otros. Mucho antes de que descubriera el *ikigai* junto a Héctor García, ya ejercía de impulsor de artistas: editando sus primeros libros de poesía, organizando shows y presentaciones, o bien adquiriendo cuadros de pintores jóvenes para ayudarles a arrancar.

Me gusta especialmente comprar el primer cuadro de un artista. Por eso en las paredes de nuestra casa hay muchas óperas primas. Al igual que sucede con los discos o las novelas, creo que en esa primera obra está la esencia de la persona que desarrollará una carrera creativa.

Cuando vivía en el barrio gitano de Gràcia, iba a menudo a La Fourmi, un bar bohemio donde trabajaba una camarera llamada Carol Adams. Charlando una tarde con ella, me explicó que aquel empleo era temporal y que en realidad quería hacer camino como artista y diseñadora.

Le pregunté dónde podía ver sus obras y me pasó la dirección de su web. Entre todo lo que vi, me quedé enamorado de un bosque nocturno. Cuando le pedí precio para comprárselo, ella abrió los ojos incrédula.

Una semana más tarde me entregaba el cuadro enmarcado con una joya inesperada detrás. De una esquina del lienzo colgaba una etiqueta larga donde Carol había escrito de su puño y letra:

Muchas gracias por apreciar el arte que tenía olvidado y por motivarme a retomar la pintura. Con el dinero me financias la impresión de unas tarjetas de visita bien hechas que me ayudarán a encontrar trabajo de diseñadora… ¡espero! ¡Así que gracias de todo corazón!

Al girar la etiqueta, vi que el título de esta pintura de 2008 era *Promesas que cumplir* y que estaba inspirada en el poema «Una parada en el bosque en una tarde nevada» de Robert Frost, referenciado en la película de Tarantino *Death Proof*.

La artista había escrito en el reverso de la tarjeta la siguiente explicación:

El bosque en cuestión se encuentra al pie de Collserola y forma parte de los jardines del antiguo palacio de verano del Marqués de Sentmenat, hoy la escuela EINA de Diseño y Arte, donde aprendí a pintar al óleo (siendo este mi primer cuadro, cuando todavía experimentábamos con tonalidades antes de utilizar el color).

Y debajo, el poema de Frost que la había inspirado:

El bosque es hermoso, oscuro y profundo. Pero tengo promesas que cumplir, y millas que recorrer antes de dormir. ¿Me has oído, mariposa? Y millas que recorrer antes de dormir.

En mi caso, aunque se me conoce como escritor y periodista, la música fue el primer territorio artístico al que dediqué una atención constante. En el colegio teníamos clase de música, y en lugar de la típica flauta dulce nos hacían tocar la melódica, que en aquella época se llamaba do-re-mi.

Tiene el teclado de un pequeño piano y hay que soplar por un tubo para obtener un sonido a medio camino entre la armónica y el acordeón. Los cuarenta y dos alumnos a la vez tocábamos temas como *El cóndor pasa* o *No tardes, Jack*. Como sucede en las corales, algunos sólo hacían ver que tocaban.

Cuando estaba aburrido en casa, yo tomaba aquella melódica marca Yamaha y sacaba de oído canciones que me gustaban. En una ocasión logré interpretar una muy conocida de Glenn Miller y, al llegar la hora de música, se la toqué en el pasillo al hijo del maestro, que iba a nuestra misma clase.

El chico se emocionó y corrió a buscar a su padre:

—¡Papá, papá, escucha lo que toca el Miralles!

El hombre me fulminó con los ojos mientras yo soplaba los primeros compases de la tonada de Glenn Miller. Luego desvió la mirada hacia su hijo y le soltó:

—Que se la confite.

Cuando terminaron mis experimentos con la máquina de escribir, en ese instrumento rudimentario empecé a componer mis primeros temas, y el grifo de la creatividad se abrió aún más al tener un Casiotone, el organillo electrónico que estaba de moda entre los niños.

¿Por qué, en lugar de jugar con cosas que ya existen, un niño siente la necesidad de escribir, de componer o de pintar? Ésta es una pregunta que me he hecho muchas veces.

Supe la respuesta hace poco, mientras me documentaba para un artículo que debía escribir para *El País*. Fue al releer *Los patitos feos*, el ensayo en el que Boris Cyrulnik sienta las bases de la resiliencia. Encontré la razón en este pasaje que habla sobre los niños de los orfanatos:

> El despertar de la creatividad necesita de una carencia. Mientras la figura materna esté presente, será ella la que capture su espíritu y la que organice su mundo íntimo. Pero tan pronto como la madre se ausenta, el mundo del niño se vacía y, para no sufrir demasiado por esta privación, debe rellenar el espacio real y psíquico con un objeto que la represente. Un trapo, un pañuelo para el cuello, un osito de peluche, provocarán, al sustituirla, una familiaridad análoga a la suya. Este proceso mental es una creación, puesto que es el niño el que elige un objeto y lo pone ahí para representar a la

que ya no está […] La creación del símbolo se deriva de la pérdida de aquel objeto que, previamente, aportaba toda la satisfacción.

Privado del afecto de su madre o de su padre, el niño artista crea del mismo modo que el bebé solitario se apega a un peluche al que dota de un significado imaginario.

Ahora sé que la creación parte de la carencia, y por eso es tan balsámica para rellenar los agujeros del alma.

8

Al terminar la EGB, tras pasar ocho años entre los muros de aquel colegio, dije en casa que no quería hacer el bachillerato allí.

—Has de estudiar en Sant Gervasi, como los demás –aceptó mi madre, calculando el trabajo extra que aquello supondría sobre sus espaldas.

Me inscribieron en la ya desaparecida academia ALMI, a cinco minutos de nuestro piso. Allí parecían recalar los peores estudiantes del barrio. Ni siquiera estaba homologado, con lo que al terminar el curso habría que hacer todos los exámenes en un instituto suburbial de Badalona.

Acostumbrado a la sórdida convivencia con cuarenta y dos chicos, a los curas y a la disciplina férrea, aquel centro privado de la calle Muntaner era como cambiar la cárcel de Alcatraz por el Festival hippy de Woodstock.

Me encontraba en estado de *shock*.

Las clases, de unos quince alumnos, eran mixtas. Llamábamos a los profesores por el nombre de pila, se permitía fumar en el aula y a veces incluso poníamos música mientras resolvíamos ejercicios. En una misma clase había gente de diferentes cursos de bachillerato, y se daba a cada cual su tarea, aunque la principal actividad era fumar y charlar.

Todo esto me asombraba, pero no tanto como compartir aula con chicas de melenas rizadas que contaban sus aventuras de fin de semana entre risotadas.

Yo estaba fascinado con toda aquella libertad y al mismo tiempo me sentía cohibido. Desconocía cómo actuar. No era capaz de comportarme con la naturalidad de mis compañeros, que, por otra parte, me trataban con una gentileza y camaradería nueva para mí.

Un día que yo había faltado a clase, me contaron que Paco –un profesor canario que nos enseñaba inglés con canciones de rock– habló a todo el grupo así:

—Francesc me preocupa. Este chico vive asustado, encerrado en sí mismo, y va a tener muchos problemas. No sé qué podríamos hacer para que se abra.

Yo me limitaba a observar aquel mundo insólito en el que sucedían cosas que sólo había visto en las películas. A mitad de primer curso, una chica de clase –Maika– se quedó embarazada y tuvo que abandonar los estudios para tener el bebé con sólo quince años. Aquella noticia me impactó.

A pesar de mi timidez, en aquellas primeras semanas hice mi primera amiga. Era una buena chica de Sant Cugat, que solía hablar de pistas de esquí y de ropa deportiva.

Como en la academia la asistencia no era obligatoria, casi cada día nos escapábamos un rato a un bar para conversar y tomar café. Para no quedar en ridículo, yo me inventaba que había esquiado aquí o allá, cosa que era mentira, ya que no había visto una pista de esquí en mi vida.

A mis catorce años, yo era muy inocente y ni siquiera me planteé si sentía atracción por aquella chica que, según decían mis compañeros, era muy guapa. Hasta que un día dejamos de ir al bar, sin un motivo especial.

Tal vez ella esperaba algún paso de mí que no llegué a dar, quién sabe. También nos distanciamos en clase.

Un chico del grupo que le iba detrás preguntó si había pasado algo entre nosotros. «No ha pasado nada –le dijeron–, simplemente ya no toman café». «¿Crees que Francesc se enfadará si le pido para salir?». «En absoluto –le contestaron–, parece que no tiene ningún interés: vía libre».

Poco después vi impasible cómo el nuevo pretendiente la acompañaba cada día hasta la estación. Subía con ella al tren hasta Sant

Cugat y luego regresaba. Y eso todos los días. Nunca sentí celos ni nada parecido.

Aún recuerdo la mirada interrogativa en clase del chico, que era también muy tímido, como si buscara mi aprobación —o al menos tolerancia— en ese asunto. Pero yo vivía en mi limbo particular y no le devolvía la señal ni para bien ni para mal.

Meses después de iniciar el BUP (Bachillerato Unificado Polivalente), yo aún no había asimilado mi cambio a aquel universo paralelo. Esa libertad repentina me venía grande. Además, yo no jugaba en la misma liga que aquellos adolescentes que tenían siempre un billete de cinco mil pesetas en el bolsillo, toda una fortuna para la época.

Me sentía totalmente perdido y, pese a tener mucha vida social, un profundo sentimiento de soledad me acompañaba a todas partes.

Debo reconocer que los alumnos del ALMI eran muy generosos conmigo. Aunque sabían que yo no pertenecía a su clase social, se esforzaban en que no me quedara fuera. Me invitaban a sus fiestas privadas cuando los padres salían de fin de semana. Allí sucedían cosas bizarras. Algunos de aquellos hijos de la zona alta eran de extrema derecha, y levantaban el brazo para cantar el *Cara al sol* antes de pinchar los discos del momento.

Yo asistía a todo aquello sin inmutarme, como un extraterrestre al que nada particular sorprende porque todo le resulta extraño.

En una de esas fiestas, una chica me hizo una broma pesada. Era pleno invierno y estábamos en un piso que tenía un jardín en la galería. Se bebía alcohol a raudales al ritmo del último álbum de The Police. Yo lo observaba todo con mucha distancia. No lograba implicarme en las conversaciones.

En un momento de la noche, la más descarada de las chicas vino hacia mí y me dijo delante de todo el mundo:

—Sal al jardín, quiero estar a solas contigo. Espérame allí que ahora voy.

Sorprendido, hice lo que me pedía y me quedé allí, congelado entre los matorrales, durante casi diez minutos. Pero la chica no vino: sólo pretendía gastarme una broma.

Cuando, cansado de esperar, regresé a la fiesta, todo el mundo se desmontó de risa. Al ver que me había ofendido, empecé a recibir palmadas de disculpa de los chicos y besos en las mejillas de las chicas.

Yo era como la mascota del grupo, el rarito al que había que invitar a todas partes para que viera cosas y, como había pedido el profesor de inglés, se abriera al mundo.

Por mi parte, la principal razón para ir a aquellas fiestas era, simplemente, que me invitaban a ellas. De naturaleza complaciente, me dejaba llevar por el flujo, aunque no entendiera qué hacía allí. Pero, como decía John Lennon, «No hay lugar donde estés que no sea el lugar donde tenías que estar».

De regreso a casa, me pasaba la noche desvelado, escuchando canciones de bandas *new wave, new romantic, punk, afterpunk*... Se me hacía de madrugada pegado a la radio. Concretamente a una emisora pirata, Radio Pica, que emitía desde el barrio de Gràcia.

Fue en uno de sus programas, en el que una locutora apodada Stig Mata leía cuentos, donde debuté como escritor para un público desconocido.

9

Retrocediendo un poco en el tiempo, después de aquellos minúsculos *thrillers* infantiles, hasta llegar a la adolescencia apenas escribí nada.

Llenaba el vacío del que hablaba Cyrulnik con la música y con dibujos que preocupaban mucho a mi madre. En mis láminas siempre aparecían demonios y monstruos sangrientos, figuras oscuras practicando extraños rituales. Una vez me llevó incluso a un psiquiatra para que examinara aquellas torturadas expresiones plásticas. No recuerdo si llegó a decir algo.

Aunque no estoy dotado para el dibujo, fui un par de años a una escuela de pintura donde practicaba el color en formatos más grandes. Incluso, cuando no dibujaba monstruos, el profesor me decía que mis composiciones –recuerdo una de un hombre fumando– tenían siempre un aire siniestro.

Aparte de las redacciones de la escuela, no sentía el impulso de escribir nada. Por aquella época, era inconcebible pensar que yo llegaría a vivir de los libros. Sin embargo, tuve un aviso aislado de esa futura vocación.

Una mañana de domingo, se me ocurrió coger mi cuaderno y escribí una breve historia en la que una cría de jabalí asiste a la muerte de su madre, perseguida por unos cazadores, como el inicio de *Bambi*.

Al terminarla, fui a mostrarle el texto a mi hermana, dos años mayor que yo. Tras leerlo con mucha atención, rompió a llorar y se encerró en su cuarto. Asombrado, por primera vez me di cuenta de que lo que yo escribía podía emocionar. Aun así, la cosa quedó ahí.

No fue hasta la crisis existencial de la adolescencia que sentí la necesidad de escribir de nuevo. Por todas partes tenía libretas, hojas sueltas, incluso servilletas donde vertía mi soledad y mi confusión.

Aún guardo un centenar de estos escritos en una carpeta azul con la etiqueta «PULSACIONES», un título que décadas después usaría con Javier Ruescas para una novela juvenil.

Allí dentro había cosas así:

Una vez soñé en una isla. Una isla dulce y extraña colgando en la noche celestial. Yo navegaba sin barco, intentando acercarme. Sin embargo, algo invisible hacía que nunca avanzara lo suficiente. Abría los brazos en medio del negro mar, intentando abrazar aquella tierra misteriosa e inalcanzable. Pero cuando parecía que iba a llegar, una ola se levantaba sobre mí y todo oscurecía hasta desvanecerse.

Tras aquella noche, muchas otras regresé a la isla de mis sueños sin lograr jamás llegar a ella, sin haberla conocido nunca.

Con el tiempo, he descubierto que esa isla soy yo.

A diferencia del drama del jabalí, estos escritos eran de consumo propio. Jamás los enseñaba a nadie ni tenía la intención de que salieran de la carpeta azul.

Escribía para combatir la soledad, para intentar conocer esa isla ignota que era yo mismo, siempre cubierta por los nubarrones de la depresión.

Seguía escuchando mi programa de radio, en el que Stig Mata leía los textos de los oyentes. Me tenía tan fascinado que una mañana decidí romper el cascarón. Siguiendo un impulso, cogí mi cuento más largo y lo metí en un sobre. Sin esperanza de que fuera locutado, escribí el apartado de correos del programa y fui a comprar el sello para meterlo en un buzón.

El cuento se titulaba *Trilogía de un demente* y, haciendo honor a su nombre, constaba de tres partes. Lo reproduje íntegramente en la segunda parte de mi serie juvenil *Øbliviøn*, pero aquí voy a citar sólo un fragmento del final.

La historia empieza con un tipo que se queda completamente solo, tras ser abandonado por los últimos amigos y familiares que le quedan. Pero lo vive con cierto alivio, ya que ellos no entienden nada, por eso esta primera parte se titulaba «Por fin». En la segunda parte, el protagonista arranca a correr por las calles sin saber de qué huye, hasta que se desploma en el suelo y es rescatado por los brazos de alguien que no llega a ver. En la tercera, durante una nueva salida, al demente le llega la iluminación. Es un texto largo del que he cribado estos pasajes:

Hoy al salir a la calle he encontrado la luz.
No he visto los coches que pasaban fugazmente intentando derribarme. Corría.
No he oído sus gritos.
No he visto a la gente, porque la gente no existe.
No he visto la calle. No he visto las casas. Nada.

Ahora ya no sé dónde estoy.
Ya no veo.
Ya no oigo.
Ya no siento.
He dejado de buscar.
He encontrado la luz.

Ahora ya estoy en mi mundo.
Volando. Cada vez más lejos. Cada vez más libre.
Ya sé la verdad. El mundo no existe.
Volando en el mayor lugar del universo. En mi mente.
Soy tan feliz…

Siento que la brisa me arrastra más allá, cada vez más lejos.
Ya no regresaré nunca.
No.
Voy a seguir aquí. Quiero estar siempre en la luz.

Seguiré soñando. Seguiré volando. Seguiré.
Lejos. Cada vez más lejos.

Tras ese acto de valentía, me olvidé totalmente de que había mandado «aquello» –no sabía cómo definirlo– a mi programa favorito. Por las mañanas iba a la academia ALMI, y pasaba las noches enganchado a aquella emisora alternativa.

Hasta que una madrugada, la voz aterciopelada que yo adoraba anunció que iba a leer un texto de un nuevo autor. Al oír el título y mi nombre creí que estaba soñando. Para cada una de las partes habían buscado una pieza musical, triste y atmosférica y, además, la locutora leía con honda melancolía.

Aquel inesperado debut me tuvo volando, como el demente, toda una semana. Y, tras lo improbable, sucedió lo imposible: Stig Mata anunció en el programa siguiente que, tras haber recibido muchas peticiones, volverían a emitir *Trilogía de un demente*. Semanas después, volvió a pasar lo mismo y se radió por tercera vez.

No había sucedido nunca con otros textos, así que el director del programa me llamó al teléfono que yo había puesto en mis señas personales. Me dijo que quería conocerme y me citó en un bar que aún existe dentro de la estación de metro de Fontana.

En mi universo de la época, para mí equivalía a recibir un Oscar, así que acudí muy emocionado a la cita con Salvatore Picarol, como era conocido el director de Radio Pica.

Me sentía tan nervioso que ni recuerdo de qué hablamos. Sólo sé que tomamos un café en la barra y que, en un momento de la conversación, me confesó:

—Francesc, a mí la radio me ha salvado la vida. ¿Qué es lo que salva la tuya?

Yo aún no lo sabía. De hecho, tardaría más de diez años en descubrirlo.

10

Cuando escribo este capítulo aún no se ha levantado del todo el confinamiento, lo que no sólo ha producido cambios profundos en nuestra forma de vivir, sino también en el mundo de los sueños.

Ayer hablaba con un periodista sobre *El castillo de los 9 espejos*, una fábula sobre los sueños lúcidos que publiqué por primera vez en 2004. Le comentaba que, en mis aventuras oníricas, están reapareciendo personajes y escenas de hace mucho tiempo.

Esto puede deberse a que la mente ha dejado de tener los estímulos externos que inspiraban los episodios nocturnos. Tras dos meses y medio encerrados, el secreto director de cine que vive dentro de nosotros se ha quedado sin material. Como las cuatro paredes de casa no aportan novedad, ha tenido que tirar de imágenes de archivo para sus nuevas producciones.

Eso hace que soñemos con amigos de la infancia o la adolescencia, o que regresemos a lugares que creíamos haber olvidado.

Por cierto, esta noche he vuelto a soñar con mi padre, después de muchísimo tiempo. Él tendría poco más de cuarenta años, y anunciaba, con todos alrededor de la mesa, que se iba de casa para empezar a vivir con otra mujer.

Algunos sueños completan la realidad, a la manera de muchas novelas, donde el autor escribe lo que debería haber pasado.

Si mi padre hubiera vivido en esta época, habría cumplido su deseo de dejar a su familia. Se habría ido a vivir a otro lugar, tal vez al extranjero, donde habría empezado una nueva vida. Pero el «qué dirán» de los 70 y los 80 era demasiado fuerte, sobre todo el de sus propios padres, a los que Marcel siempre se dirigió de *usted*.

En los momentos difíciles, mi hermana y yo deseábamos que lo hubiera hecho, y le preguntábamos a mi madre entre gritos y lágrimas: «¿Por qué te casaste con él?», ignorando que si no lo hubiera hecho, no estaríamos allí para preguntárselo. Su respuesta me sigue asombrando casi cuatro décadas después.

—Tu padre va cada día a trabajar, no juega ni bebe. Es un buen hombre.

Mi madre estaba condicionada por una familia numerosa con varios ludópatas que lo habían perdido todo por culpa del juego. En el caso de mi tío María –su nombre completo era José María–, al que yo adoraba, al juego se sumaba la bebida.

Fue bromeando con él un día que recibí la primera paliza de mi padre. Estábamos forcejeando por diversión cuando, sin quererlo, le di un manotazo al tío María y le tiré las gafas al suelo. Pensando que lo había agredido, mi padre vino corriendo y me cosió a patadas contra un rincón, mientras me llamaba criminal. Mi madre y mi tío no lograban sujetarle.

La segunda y última agresión tuvo lugar por culpa de un documental de Charles Manson que echaban por televisión. Desde siempre he sentido fascinación por las sectas, y yo tendría unos trece años cuando me quedé sorprendido ante la historia de La Familia y el asesinato de Sharon Tate, la esposa de Polanski.

En aquel momento, llegó mi padre al salón y, considerando que yo no debía ver eso, cambió el canal. Indignado, volví a poner el documental. Entonces él perdió los nervios y empezó a golpearme hasta hacerme sangrar por la nariz.

Yo llevaba una camisa blanca, porque en una hora quería salir a la fiesta mayor del barrio con el hijo de unos porteros. Para evitar males mayores, mi madre me dio algo de dinero y me dijo que me fuera ya a los festejos, donde llegué con la camisa llena de sangre.

Desconozco lo que hablaron aquella noche mientras yo estaba fuera, pero mi padre nunca se disculpó. Tampoco habría sabido cómo hacerlo, ya que no estaba acostumbrado a comunicarse con sus hijos, y menos aún a hablar de sentimientos.

Con el tiempo, he perdonado a mi padre. Sé que todo esto sucedió fruto de sus limitaciones emocionales. Aunque era una persona muy inteligente y sensible, le resultaba imposible entender a su hijo adolescente.

Fuera de estos episodios violentos aislados, su vida transcurrió de forma pacífica y discreta. Tuvo un solo amigo, Ricard, con quien quedaban una vez al mes para comer.

Dado que su único ocio fuera de casa era comprar libros de segunda mano y ver películas de arte y ensayo, mi madre solía pedirle que me llevara con él.

Cada domingo íbamos al mercado de libro viejo de Sant Antoni, donde mi padre buscaba en las paradas alguna novela de Simenon que le faltara y yo conseguía algún cómic. También me llevaba con él a la filmoteca a ver películas que yo no lograba entender, como *2001: una odisea del espacio* o *Cabeza borradora* de David Lynch.

Estas salidas semanales cimentaron mi interés por los libros y por el arte en general. Marcel era como un maestro zen, que enseña sin enseñar y, a pesar de sus equivocaciones, le debo mucho de lo que soy.

Pero, ciertamente, no fue una figura paterna en muchos otros sentidos, y eso hizo que yo creciera como un ser solitario e inadaptado. A los quince años, al empezar el segundo curso de bachillerato, seguía necesitando un padre.

Y entonces llegó el padre del Rock'n'Roll.

II

Pero antes del padre, vino el hermano. En aquella academia donde iban a parar los defenestrados de otros centros educativos, una mañana de sueño conocí a quien se convertiría en mi amigo del alma.

JR (de Josep Ramon) había sido castigado a limpiar una mesa que había pintarrajeado con una enorme guitarra y el lema «Long Live Rock'n'Roll». Me ofrecí a ayudarle con el paño y la botella de Mistol y, de este modo, tuvimos la primera conversación de nuestra vida.

Él fue de los pocos que compró un fanzine que monté con otro compañero de clase. La revista hecha con fotocopias se llamaba *Larga estancia*, pero no fue fiel a su nombre. Tuvo un solo número en su historia.

Yo mismo dibujé la portada y en su interior había cuentos, poemas e incluso una sección para que los lectores dirigieran sus preguntas. Al tratarse del primer número, esa hoja sólo tenía un gran interrogante en el centro. «Ésta es la mejor página de toda la revista», me dijo JR.

Él sería mi compañero inseparable en la etapa que estaba a punto de empezar. Para ello, sin embargo, tuvo que llegar un chamán que abriera la puerta que daba al otro lado.

Sin saberlo, él sería el padre de una nueva vida en las catacumbas del mundo conocido.

12

Para una gran transformación, suele ser necesaria la participación de un gurú o iniciador en el universo desconocido en el que vas a ingresar.

El Demian de la novela de Hesse saca a Emil Sinclair de su ingenuidad infantil para que conozca las sombras, las del mundo y las suyas propias. Para ello le manda en medio de clase un papel con el dibujo de un huevo y el mensaje:

> El pájaro rompe el cascarón.
> El huevo es el mundo.
> Quien quiera nacer tiene que romper un mundo.

Mi Demian llegó en segundo de BUP a través de un chico nuevo, mayor que nosotros, que se pasaba las clases con el *walkman* pegado a la oreja.

Se llamaba Edu y me llamó mucho la atención su aspecto. Nunca había visto a nadie así.

Llevaba unos pantalones de abuelo estrechos de abajo y levantados –como si fuera a pasar el río–, zapatos de pirata, camisa blanca con botones a un lado, el pelo rapado sobre la oreja y un pendiente en la izquierda.

Por aquel entonces, yo no sabía que aquel era el *look* de los *new romantics*, aunque curiosamente sí que escuchaba sus bandas: Visage, Ultravox, Japan... Y fue la música lo que me conectó con Edu. Sin que hubiéramos hablado nunca, una mañana me pasó el auricular para que escuchara una canción, mientras me preguntaba con su voz de cazalla:

—Dime si no es lo mejor que has oído en tu puta vida.

Era un concierto en directo con un inicio apoteósico de violines antes de que saltaran los músicos al escenario.

—Parece Depeche Mode –dije cuando la banda empezó a tocar.

—Joder, pavo –me dijo sorprendido–. Tú te enteras.

Para los *new romantics*, «enterarse» era haber descubierto una serie de bandas que entonces eran poco conocidas. Se te perdonaba incluso que no llevaras pendiente con tal que tuvieras discos o grabaciones –el intercambio de casetes era constante– de grupos alternativos.

Después de aquel primer contacto, Edu me tomó bajo su protección –eso ha sido una constante en mi vida– y se propuso iniciarme en los secretos de su tribu.

Los *new romantics* eran una versión más refinada y oscura de los *new wave*. Pese a que estos últimos eran muy de discoteca, se les respetaba. Pero sólo a los «auténticos», los que compraban ropa extravagante en Londres o en las carísimas tiendas de importación.

Edu me instruyó en que había una versión falsificada de los *new wave*: gente de barrios humildes que intentaba imitar ese *look* con escasos medios. Aparte de pertrecharse con ropa de mercadillo, se les reconocía porque en lugar de auténticos zapatos de pirata llevaban mocasines, y el pantalón levantado revelaba un calcetín blanco con franja roja y azul que los descalificaba del todo.

A estos falsos *new wave* los llamaban *new pol*, como la marca de lavadoras.

Yo nunca aspiré a vestir como un *new romantic*, pero pedí a mi madre que me estrechara y acortara los tejanos, empecé a llevar bambas John Smith y ropa oscura, y en una tienda de segunda mano me compré un larguísimo guardapolvo que arrastraba por toda Barcelona.

Recuerdo que una mañana, al pasar junto a una terraza de Sant Gervasi, un grupo de pijos me gritaron:

—¡Maricón! ¡Fantoche!

Yo seguí mi camino sin ceder a su provocación.

A Edu esto le pasaba constantemente. Le había visto zarandear a un viejo en plena calle Muntaner porque se había reído de su pendiente. En aquella época la gente aún no estaba acostumbrada a esas pintas, y muchos cambiaban de acera al vernos porque tenían miedo.

Mientras Edu me iba iniciando, JR me acompañaba a los festivales *punk* y *afterpunk* que tenían lugar cada noche en la ciudad. En una sala cercana al Arco de Triunfo que pertenecía al ayuntamiento, el Casal dels Transformadors, las sillas plegables acabaron volando más de una vez.

Un día, mientras regresaba de uno de aquellos conciertos, me paró la policía de madrugada y me metió en una yogurtera –una furgoneta– camino de la comisaría. Uno de los agentes me puso la mano en el corazón y me preguntó:

—¿Estás asustado?

Yo no dije nada. Antes de llegar a la comisaría, la furgoneta paró y me dejaron salir entre carcajadas.

Sin saberlo, estaba cubriendo etapas del Viaje del Héroe, que según el antropólogo Joseph Campbell está presente en toda historia épica o iniciática, como es la propia vida. Las primeras cinco son:

1. La llamada de la aventura
2. El rechazo de la llamada
3. La ayuda sobrenatural
4. El cruce del primer umbral
5. El vientre de la ballena

Creo que no llegué a rechazar la llamada a la aventura, y acepté gustoso la ayuda sobrenatural de Edu, que me trasladó a una realidad paralela donde encajaba mucho mejor, aunque yo no acababa de cascar el huevo. Aun así, no cabía duda de que había cruzado el primer umbral y no había vuelta atrás.

Joseph Campbell define así esta cuarta etapa del también llamado Monomito:

La aventura consiste siempre y en todas partes en dar ese paso más allá del velo de lo conocido, hacia lo desconocido; los poderes que se vislumbran en la frontera son peligrosos, tratar con ellos, arriesgado, y, sin embargo, para cualquiera con capacidad y valor suficientes el peligro se desvanece.

Mi sacrificada madre pasó unos años sin pegar ojo por mi culpa. Aquel chico introvertido, siempre encerrado en su habitación, ahora pasaba todas las noches fuera, muy atento a lo que se cocía en las cloacas de la ciudad.

Pertenecer a una tribu comportaba, por aquella época, muchos riesgos. Había filias y fobias. Los *new romantics* empezaban a mutar hacia el *afterpunk*, también llamados «siniestros». Por eso los *punks* estaban muy bien vistos en este colectivo: las crestas eran como la punta de lanza de toda una cosmovisión. Y el enemigo número uno eran los *heavies* y los *rockers*.

Cuando dos tribus rivales se cruzaban por la calle, se desataba una batalla campal que podía acabar como el rosario de la aurora. Muy cerca de mi casa, en una pelea entre *rockers* y *punks*, se habían roto botellas para clavárselas los unos a los otros.

Más de una vez estuve a punto de entrar en una reyerta de este tipo. Una madrugada, al salir de Distrito Distinto, un bar de nuestra tribu, distinguimos en la calle a un grupo de diez *heavies* que avanzaban hacia nosotros por nuestra misma acera. Nuestro grupo estaba formado por un par de *punks*, cuatro «siniestras» y siete u ocho *new romantics*. En el último instante, al ver a tanta gente, los *heavies* no lo tuvieron claro y giraron la esquina.

Haciendo del día noche y de la noche, día, como me recriminaba mi padre, me gustaba pertenecer a la tribu. Había encontrado mi lugar entre las sombras que atravesaban la ciudad.

13

En 1985, la directora alemana Doris Dörrie estrenó la película *El interior de la ballena*. Por aquel entonces me dejó impresionado, aunque está muy por debajo de otras obras de la directora de *Sabiduría garantizada*, que narra las aventuras de dos hermanos alemanes en un templo zen japonés.

La protagonista de *El interior de la ballena* es una quinceañera, Carla Frank, que huyendo de los abusos de su padre se escapa para buscar a su madre, a la que hace años que perdió la pista. En su aventura conoce a Rick, un músico que va tan perdido como ella. Tras salir ambos del mundo conocido, viajarán juntos hacia el desastre.

No es casualidad que la película se llame como la quinta etapa del Viaje del Héroe, que Campbell define así:

> El héroe [...] es tragado por lo desconocido y parece haber muerto. Este motivo popular hace hincapié en la idea de que el paso del umbral es una forma de autoaniquilación.

De niños lo vimos o leímos en *Pinocho*, a su vez inspirado en la historia bíblica de Jonás, que es tragado por una ballena y permanece tres días en su vientre hasta que se transforma y es escupido de nuevo al mundo.

El vientre de la ballena puede tomar toda clase formas, y a menudo el héroe encuentra muchas resistencias para ingresar en ese submundo sólo para iniciados. En palabras de Campbell:

Los accesos y las entradas a los templos están flanqueados y defendidos por gárgolas colosales: dragones, leones, demonios asesinos con las espadas desenvainadas, enanos resentidos, toros alados.

En mi caso, yo chocaba con la oposición de los amigos de Edu, que no estaban de acuerdo con que me llevara a todas partes. Una noche, durante una fiesta siniestra en la sala Metro de Poblenou, un *new romantic* llamado Moti le gritó a Edu delante de mí:

—Pero ¡por qué me traes a este tío! ¿No ves que no se entera de nada?

—Todo el mundo tiene derecho a aprender –se limitó a decir, magnánimo, mi protector.

14

Vestir de gótico, como se llama actualmente, quizás sea hoy sólo una estética que se adopta el fin de semana para el lunes volver a la oficina «de normal». En la década de 1980, sin embargo, era prácticamente una religión.

El *new romantic* o *afterpunk* iba así a todas partes, al igual que los judíos jasídicos no renuncian a sus señas de identidad. Y tenía un credo compartido con la tribu. Las escrituras sagradas estaban en las canciones que recogíamos en casetes, elaborando nuestras propias portadas.

Nuestra vida era totalmente nocturna, durmiendo de día como los vampiros, y nadie esperaba llegar a los treinta. Para ayudar en esa aspiración, a mis quince años yo fumaba una cajetilla al día de Chesterfield sin filtro.

Al no haber en ALMI un control de asistencia, faltábamos a más de la mitad de las clases. Se creó un grupo, incluyendo al propio Edu, que se encontraba a las nueve de la mañana en la puerta de la academia y, en lugar de subir, venían a mi casa a jugar a las cartas.

Con la música a tope para que mi madre no pudiera escuchar las conversaciones, nos encerrábamos en mi habitación y jugábamos al siete y medio con dinero real. La botella de coñac en la mesa con vasitos nos acababa de confirmar como balas perdidas adolescentes.

Cuando terminaba la timba, hacia el mediodía, yo tenía que meterme en la cama para dormir la mona.

Se corrió la voz sobre aquellos encuentros y una mañana apareció la hija del dueño de un restaurante cercano. Se llamaba Lily y tenía *look* siniestro. Pese a ser de nuestra edad, creo que no estaba inscrita en ninguna escuela o instituto. Tampoco ayudaba a su padre en el negocio, así que no tenía oficio ni beneficio.

Más que jugar a las cartas, le gustaba formar parte de aquel círculo de vicio, aunque sólo fuera para reírse de nosotros.

Recuerdo que, en una pausa para escuchar un disco, eché la persiana abajo y apagamos las luces. Conocer un nuevo álbum era uno de los ritos más sagrados y requería atención plena. Lily se deslizó entonces en la oscuridad y se sentó en mi regazo. Yo nunca había estado tan cerca de una mujer, aparte de mi madre, así que me quedé sin aliento.

Consciente del poder que tenía sobre mí, que era un advenedizo en aquel terreno, cuando salimos de mi casa ella aflojó el paso para caminar a mi lado. Delante de nosotros iba JR y otro exiliado de clase que, años después, acabaría trabajando en el Chase Manhattan Bank. Eso demuestra que nadie está a salvo del sistema.

Mientras andábamos, Lily miró con sus grandes ojos negros a aquellos dos y luego me dijo en voz baja:

—Por dos mil pesetas os lo hago a los tres.

Yo me quedé mudo ante aquella propuesta. Al ver que no contestaba nada, finalmente sonrió y dijo:

—Era broma.

Aquella chica oscura y nihilista ocuparía mis sueños despiertos los meses siguientes y, un cuarto de siglo después, inspiraría a la protagonista femenina de mi novela juvenil más famosa.

15

La historia de *Retrum* demuestra que los fantasmas del pasado, como Lily, pueden viajar secretamente largas distancias a través del tiempo.

Voy a dar un salto hacia delante de un cuarto de siglo aproximadamente. En el año 2009 hacía ya una década que trabajaba en el mundo editorial. Dedicaré a aquellos inicios más de un capítulo, pero quedémonos ahora en ese punto del espacio-tiempo.

Mi agente literaria me había informado de que La Galera, una editorial de literatura infantil y juvenil, había cambiado de dirección. Tras varios años languideciendo, había tomado el timón Iolanda Batallé, una joven y enérgica editora que yo conocía de proyectos anteriores.

Como sucede siempre que entra savia nueva en una empresa que vende creatividad, quien asume el mando quiere demostrar que llega con ideas distintas y apuestas atrevidas.

—Iolanda estará encantada de que presentes algún proyecto —me dijo Sandra Bruna.

No me puse de inmediato, porque en aquel momento andaba muy ocupado con otros proyectos editoriales y mi trabajo como periodista de psicología. Además, dedicaba mucho tiempo a componer y ensayar con mi grupo, Nikosia. Acabábamos de publicar nuestro primer disco.

Y fue gracias a una canción de la banda, que tenía por emblema a un lobo, que llegó la idea que iba a cambiar mi vida.

Empezábamos a dar bastantes conciertos, y la canción que más nos pedían como bis era *When we were dead*. Aunque el estilo de

Nikosia estaba más cerca del *dream pop*, mi pasado *afterpunk* se colaba en mi modo de componer.

«Cuando estuvimos muertos» cuenta una historia muy gótica: una chica lánguida y solitaria vive un romance con un joven difunto que descansa en el cementerio, y que parece revivir al sentirla. Cantada a dos voces que se van alternando, traducida dice así:

El sol se escondía entre las nubes
Negras aves volaban sobre el camposanto
Me sentía medio muerta por dentro
Sin saber que tú estabas medio vivo.

¿Quién llama a la puerta?
¿Qué es este aroma de lirios?
¿De dónde viene?
La oscuridad se cierne sobre nosotros
Mientras mi alma escapa de la jaula eterna.

Me senté sobre tu tumba
Cubierta de hiedra, olvido y escarcha
Mi mano despejó tu triste nombre
De alguien que se marchó hace siglos.

Bienvenida, chica afligida,
¿Qué haces aquí sola
Tan lejos y tan cerca?
Ahora estoy detrás de ti
Deja que abrace tu cadáver viviente.

De repente unos brazos invisibles
Me estrecharon suspirando «oh, mi amor»
Al girarme no vi a nadie
Y mi corazón se llenó de asombro y miedo.

Paseando un día por Teià, un pueblo del Maresme donde vivía la familia de mi pareja entonces, me di cuenta de que su pequeño y solitario cementerio, encaramado en una colina frente al mar, era el de la canción.

Bajo los cipreses gigantescos que montan guardia frente a la puerta, entendí de repente que, oculta en la canción, había una novela. Visualicé allí mismo al joven protagonista, Christian, en un estado de melancolía permanente desde la muerte de su hermano. La novela empezaría de este modo:

La primera vez que escuché aquella voz fue un atardecer de invierno. Había subido la cuesta del cementerio del pueblo, que estaba cubierta por una fina capa de nieve. Faltaban pocos días para que terminaran las vacaciones de Navidad y me sentía hastiado de las reuniones familiares. En el camino no me había encontrado ni un alma, sólo las huellas de las aves que ahora graznaban en el cielo crepuscular.

Al imaginar a la *femme fatale* que conocerá este chico torturado, la memoria me llevó de regreso a Lily, con su pelo negro, los ojos grandes maquillados en la tez blanca y esa manera desafiante de hablar. Ella encarnaba a Alexia, bautizada así por una amiga de mi hermana que de niño me había llamado la atención.

Poseído por aquella historia, preparé una *proposal* que convenció a La Galera, con la que firmé un contrato donde constaba la fecha de entrega. Tenía que ponerme a escribir ya.

Para quien no conozca el mundo editorial, la *proposal* (nunca he entendido por qué se dice en inglés) es un breve dosier con el título del libro, un resumen de tres cuartos de página, tal vez un índice y la ficha del autor. A veces va acompañada del primer capítulo. Con eso, la editorial puede contratar un libro y pagar un anticipo a cuenta de ventas futuras.

Tras firmar el contrato de *Retrum*, escribir la novela fue para mí un ejercicio de nostalgia. Saqué a Lily de aquella habitación a oscuras y disfruté reproduciendo conversaciones y lances propios de la época que he estado describiendo. Para mí fue muy sencillo y emotivo revivir todo aquello, pero no esperaba en absoluto que el libro triunfara.

Pensaba que sólo gustaría a unos pocos viejos románticos (antes «*new*») como yo. Estaba muy equivocado.

16

Antes de regresar a mis oscuridades en la década de los 80, quiero hacer una parada técnica en los misterios del éxito literario.

Casi siempre que doy clase en másteres de edición o similares me preguntan cuál es la clave para que un libro triunfe. Yo siempre les respondo que la clave, si existiera, sería en todo caso ser adivino.

Y eso tiene una explicación puramente temporal. Si ahora mismo decidieras escribir un libro a partir de una idea que acabas de tener, como pronto llegaría a los lectores de aquí a dos años. Supongamos seis meses para escribirlo, seis más para que se decida una editorial, si hay suerte. Luego un año de media es lo que tardarán en leer y editar, encargar una portada, anunciar el libro a los comerciales, corregir, maquetar, llevar a imprenta y finalmente distribuir en librerías.

Por lo tanto, si quisieras fabricar de forma expresa un *best seller*, deberías saber qué estará de moda de aquí a dos años. Es decir, ser un adivino.

Nadie tiene ese poder, y menos que nadie las grandes editoriales, que muchas veces se apuntan a las tendencias cuando ya están a punto de pasar.

Es por este motivo que yo siempre recomiendo a los escritores que no piensen en el éxito, ya que está fuera de su control. Nadie sabe qué querrá el lector del futuro, así que limítate a satisfacerte a ti mismo. Si no vibras y te emocionas al escribir, dejando de lado cualquier resultado comercial, tampoco lo harán los lectores.

Una vez el libro salga al mundo, sólo entonces sabrás si aquello que te apasionaba contar está destinado a cien personas o a cien mil.

Mi hermano espiritual Andrés Pascual, que suele escribir novelas de quinientas páginas, me dijo un día: «Yo escribiría un tocho de éstos, aunque sólo fuera a hacer feliz a un solo lector».

De hecho, basta incluso con que te hagas feliz a ti mismo.

Volviendo a mi novela gótica juvenil, antes de que se revelara su suerte, yo había tenido ya algunos *best sellers* en géneros totalmente distintos. He sido muy prolífico y calculo que, en mi caso, de cada seis o siete libros uno da en la diana. Por qué éste y no otro es una cuestión misteriosa que se me escapa.

Sobre *Retrum*, insisto, como mucho pensaba que podía ser novela de culto en círculos muy pequeños, pero nada más llegar a las librerías supe que algo grande iba a pasar.

El primer signo de que se está fraguando un fenómeno es que empiezas a recibir un sinfín de correos y mensajes de lectores. Me había sucedido dos años antes cuando publiqué *El cuarto reino*, que estuvo muchos meses en las listas de los más vendidos en catalán.

Cada día me llegaban correos entusiasmados de los fans de *Retrum*. Así fue como supe que la tribu a la que yo había pertenecido no era una reliquia del pasado. Seguían existiendo miles de almas como Christian y Alexia que ahora hacían de mi novela su Biblia personal. Hasta el punto de que tuve que crear una web específica para alojar las miles de misivas de pálidos, como se llaman los de la hermandad del cementerio.

De otras novelas que he publicado –algunas, personalmente, me gustan más– jamás he recibido un solo correo, pese a que la editorial hizo más promoción. Ésta es la magia del éxito literario: el secreto está guardado bajo llave en los corazones de los futuros lectores.

Retrum empezó a reeditarse rápidamente, se tradujo a siete idiomas y me compraron dos veces los derechos para el cine, aunque el proyecto no llegó a culminarse en ninguno de los casos.

Si alguien capaz de retroceder en el tiempo hubiera dicho a aquel cohibido Francesc de quince años: «Tío, las aventuras miserables que vives ahora inspirarán un futuro *best seller* internacional», lo habría mandado a tomar viento.

Este ejemplo es la prueba de que nunca debes desdeñar nada de lo que estás viviendo, ni siquiera las experiencias más dolorosas, ya que quizás acaben siendo la mejor inversión de tu existencia.

La palabra «inversión» ya lo dice todo: lo peor que estás viviendo, una vez comprendido y asimilado, puede acabar siendo lo mejor que te podía pasar.

17

Pero regresemos a 1983 para ver cómo terminó aquella época. Mi vida transcurría entre el fracaso escolar –acabaría repitiendo segundo de BUP– y mi iniciación en el mundo del vicio. Compraba discos de *punk*, pasaba la noche en conciertos alternativos o escuchando la radio y soñaba con el amor, como el náufrago anhela alcanzar una tierra muy remota.

Un día Edu llegó a la academia ALMI con su novia, una *new romantic* muy bajita. Tras presentarla a los pijos de clase, ella casi no habló. Se limitó a saludar levantando ligeramente la barbilla.

Cuando ella se fue, Edu nos miró a todos con orgullo y anunció su intención de casarse con ella. Fue curiosa su manera de decirlo:

—Mi zorra y yo nos lo vamos a hacer legal.

Yo pasaba algunas tardes en el piso de mi amigo e iniciador, escuchando música y discutiendo sobre las mejores maneras de suicidarnos antes de superar los veintisiete.

Sus padres tenían un bingo y, además de costearle una academia de Sant Gervasi, le daban una pequeña paga para sus gastos. Pero con eso no le llegaba ni para el tabaco, y Edu era un chaval de gustos caros: discos importados de tres mil quinientas pesetas, anfetaminas, ropa alternativa de primer nivel, conciertos, salidas diarias.

Al principio yo me preguntaba de dónde sacaba tanto dinero. Pero un día vi cómo, antes de salir, iba a la habitación de sus padres y abría un cajón lleno de billetes arrugados –los de la última sesión de bingo–. Se metió tres o cuatro en el bolsillo y salió tan pancho.

—Nunca se dan cuenta –dijo.

Yo admiraba aquella forma suya de vivir.

18

La Barcelona preolímpica era tan decadente como pródiga en rincones *underground*. Introducido ya en el ambiente, durante unos meses toqué el teclado en la banda de un tal Roberto. Antes yo había tenido un proyecto casero llamado The End, donde tocaba el Casiotone junto a dos compañeros de ALMI, uno de vocalista y el otro aporreando un tambor de detergente.

Al igual que pasara con The End, nunca llegué a debutar con la banda de Roberto, fuera de la habitación minúscula donde ensayaba con este bajista y un amigo suyo guitarra. Sin embargo, sirvió para conocer antros que jamás hubiera imaginado que pudieran existir.

Una madrugada entre semana, empezamos a dar vueltas en coche por la periferia de la ciudad. Nadie habría tenido esperanzas de encontrar un lugar abierto. Nadie que no fuera Roberto y sus almas de la noche.

—¿Vamos a las Profundidades Sumergidas?

—¿Qué es eso? –pregunté intrigado por ese nombre redundante.

—Pronto lo sabrás –me dijo el conductor mientras apuraba un porro.

Estacionamos frente a un bloque de pisos. Debían de ser las cuatro de la madrugada, así que todas las ventanas estaban apagadas. Aun así, Roberto llamó a un timbre del interfono. Ante la falta de respuesta, clavó el dedo en el botón hasta que surgió una voz somnolienta de mujer al otro lado.

Tras decir una palabra en clave que no llegué a entender, la puerta se abrió.

Una vez en el piso, aquello me causó tal extrañeza que lo plasmaría más adelante en aquella novela juvenil poco leída: *La vida es una suave quemadura*.

Su protagonista, antes de escaparse de casa, vive aventuras noctámbulas con una camarilla de casi delincuentes que le llevan a las Profundidades Sumergidas, en el noveno piso de un bloque suburbial.

Más allá de situar a los personajes de ficción –tres chicos y una chica–, la escena que describí es tal como la recuerdo:

Nos vimos entrando en un piso miserable, guiados por una mujer de unos setenta años con bata rosa y zapatillas. Por la lentitud con la que se movía, se notaba que la acabábamos de sacar de la cama.

—Pasad muchachos –dijo bostezando.

Acto seguido, nos acomodamos en un comedor roñoso, compuesto por un sofá lleno de quemaduras de cigarro, un sillón desfondado y una estantería con figuritas baratas. Al fondo, un equipo de música y un televisor relativamente caro, lo único bueno de esa casa.

[…] Tras pedirle lo que queríamos, la mujer desapareció por el pasillo. Acto seguido, oímos una nevera que se abría y el sonido de latas y botellas. Cinco minutos más tarde volvía con cuatro combinados.

—Estaré en la habitación –dijo–. Llamadme si necesitáis algo más.

—Entendido –repuso Juanan–, y le faltó tiempo para conectar la cadena de música, girando el dial a toda velocidad hasta que encontró una emisora de su gusto.

—Baja la radio –dije–. Vamos a despertar a todo el vecindario.

—Están acostumbrados –replicó Juanan–. Aquí vive gente tan chunga que a nadie se le ocurrirá llamar a la Guardia Urbana. Todo el mundo tiene un cabo suelto que otro.

—¿Y la mujer? –añadí mientras bajaba yo mismo el volumen.

—Vive de este «after» que se ha montado. La música está incluida en el precio. Por cierto, voy a llenar el depósito.

Y se fue con el vaso a la cocina, como Pedro por su casa. En su afán por imitarle, Sandro vació el vaso de un trago y fue a reunirse con él.

[…] Regresaron con los vasos cargados de whisky más que de otra cosa. Agarraron un par de cojines y se tumbaron a lado y lado de nuestra reina de la noche.

Entregado a la música y al alcohol, de repente una aparición espectral me hizo saltar del sofá.

—No os alarméis –dijo Juanan–. Es Quijote.

Observé, aturdido, un anciano que efectivamente recordaba al caballero andante: barba de chivo, camisola larga, sólo le faltaba el gorro de dormir. Atravesó, cansado, el comedor sin inmutarse por nuestra presencia en su casa, y desapareció tras una puerta que debía dar al lavabo.

—Se levanta tres o cuatro veces por noche para vaciar esfínteres –explicó Juanan en tono didáctico.

Entonces lo entendí todo y me embargó un inesperado sentimiento de tristeza. Aquél era el apartamento de dos viejos arruinados, que se veían obligados a recibir de madrugada a idiotas como nosotros para pagar el alquiler.

Tras el sonido del depósito que se vaciaba, el viejo salió del cubículo y –arrastrando los pies– rehízo el camino hasta el dormitorio.

—Chao, Quijote –dijo Juanan.

El título de esta novela existencial, protagonizada por jóvenes tan perdidos como yo entonces, está extraído de un poema de Lanza del Vasto. Era un místico italiano que, tras viajar a la India, donde vivió seis meses con Gandhi, regresó a Europa para predicar el *ahimsa*, la no violencia. Acabaría fundando en Albacete la Comunidad del Arca en los estertores del *hippismo*.

El poema en cuestión pertenece a un libro llamado *Principios y preceptos del retorno a la evidencia* y se me grabó en el corazón desde la primera vez que lo leí.

Cuenta de este modo el origen de la vida y de nuestra vida:

> Al principio de los tiempos
> el fuego encontró el agua, su enemiga.
> Y se unió con ella, en secreto.
> De allí nacieron los seres vivos,
> las plantas primero llamas mojadas,
> y nosotros los destellos.
> Savia y sangre son agua que llamea
> y fuego que emana.
> Fuego sensato, atemperado de agua
> que no consume lo que ha formado
> pero sí la compone;
> fuego que goza y se recoge,
> fuego que piensa.
> Sí, la vida es una suave quemadura.

19

Tal vez un momento cumbre de esa época –y ya acabo– fue una noche que acudí al Studio 54 de Barcelona a ver en directo a los Depeche Mode, que por aquel entonces lucían crestas *punk*.

Edu era un fanático de ese grupo, gracias al cual nos habíamos conocido, así que al concluir el concierto me pidió que le acompañara a los camerinos para intentar conocerles. Nos encontramos con un montón de gente delante de la puerta, defendida por dos gorilas de la discoteca. Uno de ellos entró en el camerino y salió con la noticia:

—Pueden entrar tres chicas.

Un forcejeo entre varias *groupies* tuvo un resultado totalmente inesperado. Mientras los gorilas trataban de contener la avalancha, dejaron paso a la primera de las elegidas. Nada más abrirse la puerta del camerino, Edu se lanzó al suelo y se deslizó rápidamente entre las piernas de las chicas. Yo le seguí y, como en un truco de magia, de repente me encontré dentro del camerino de los Depeche, tras cerrarse la puerta a nuestras espaldas.

Y lo más curioso de todo es que, una vez dentro, no supimos qué hacer. Entre otras cosas, porque no hablábamos ni una palabra de inglés.

Dos de los Depeche nos miraban alucinados. El tercero ya había empezado a intimar con la chica. No había nadie más. Yo pensaba que nos echarían a patadas, pero la verdad es que se tomaron el chasco con mucha deportividad. Con cierta timidez, sacaron un par de cervezas de una caja y nos invitaron a beber con ellos en el sofá. Como no podíamos entendernos, la situación resultaba bastante incómoda, así que nos bebimos las medianas en un par de tragos y nos largamos.

Meses después volveríamos a Studio 54 para ver a mi artista fetiche, Siouxsie & the Banshees. Yo salí extasiado del concierto y enamorado de «la Diosa de Hielo», como también llamaban a la vocalista y alma máter de la banda.

Al preguntar a Edu si le había gustado contemplarla de tan cerca, puesto que estábamos en primera fila, comentó:

—Ha sido muy buen concierto, pero ella me ha decepcionado. Es una mujer mayor y debería tener las tetas más grandes.

Siouxsie contaba entonces veintisiete años.

Tras abandonar la academia ALMI, le vimos aún un par de veces como relaciones públicas de un pub de barrio. Allí, además de «traer gente» —aunque siempre estaba vacío—, suministraba anfetaminas al propietario. Después de eso, Edu desapareció. Parecía que se lo hubiera tragado la tierra.

Un par de años después, JR y yo nos lo encontraríamos por casualidad en Madrid. Habíamos aprovechado que el FC Barcelona fletaba autocares gratis para ver la final de una Copa del Rey que se acabó perdiendo contra el Zaragoza.

Antes del partido, fuimos a pasear cerca del parque de El Retiro y allí lo vimos. Era una sombra de lo que había sido: estaba tan hinchado —por las drogas supongo— que me costó reconocerle. Iba con un hombre mayor de aspecto oscuro.

Se acercó muy contento a saludarme, pero apenas intercambiamos un par de frases. Luego se fue y nunca volvimos a saber de él.

Probablemente ha muerto.

20

La disolución de mi tribu *afterpunk* coincidió con una pequeña hecatombe ecológica, por llamarla de algún modo, que me sumió literalmente en la oscuridad.

Mi minúscula habitación, forrada de estanterías con libros de mi padre, tenía como único respiradero una ventana que daba a un jardín asilvestrado. Aquel oasis de verdor en medio de Sant Gervasi formaba parte de la casa que el dueño de Montblanc tenía en la ciudad.

Lo describí así en una novela publicada bajo pseudónimo, *La pasión de Erszebet*, sobre un joven efebo que cae en los brazos de una mujer madura, tras una larga soledad en la habitación con vistas de mi infancia:

Por la forma desaforada en que crecían árboles y matorrales, formando una densa selva, todo indicaba que hacía mucho que habían despedido al jardinero.

La finca en su totalidad había entrado en un estado de decadencia que la dotaba de un romanticismo insólito en un barrio asediado por los especuladores. Aquel caserón constituía una rareza en medio de un entorno geométricamente urbanizado.

Por lo que sabía, el propietario era un industrial suizo que la tenía como residencia de vacaciones, a pesar de que no se le había visto durante los últimos años.

A mí me parecía realmente extraño que alguien quisiera pasar sus vacaciones en mi ciudad. La presencia fantasmal de aquel hombre –jamás llegué a verle en persona, pero le imaginaba visitando la finca de noche– hacía que aquel pedazo de bosque pareciera aún más enigmático.

Los árboles eran tan altos y las lianas tan espesas, que desde la ventana no alcanzaba a tener una visión completa del jardín. Era más bien un juego de claroscuros. Mi diminuta habitación recibía únicamente los restos de unos rayos de sol debilitados tras su paso entre el follaje.

Por mi costumbre de estar desvelado hasta el amanecer, ya fuera porque escuchaba la radio o porque regresaba muy avanzada la madrugada, había un momento sublime donde aquel jardín secreto tomaba protagonismo.

Antes de que la primera luz mortecina penetrara en mi habitación, se dejaba oír un misterioso canto de pájaros. Era un canto triste y mágico al mismo tiempo, propio de seres alados que se comunican, de rama en rama, el oráculo de un nuevo día. Aquella melodía imposible de reproducir, como pinceladas en el silencio, me sumergía en una especie de limbo hasta que me dormía.

Un día supe que el suizo había vendido su finca a una inmobiliaria, que en su lugar construiría oficinas. Me quedé en estado de *shock*. Cuando desde la cuna has tenido un jardín al otro lado de tu ventana, te resulta difícil creer que un día pueda desaparecer.
Pero entonces llegaron las grúas y, sin piedad, iniciaron su trabajo rugiendo y chirriando como bestias depredadoras. No tardaron en destruir aquel jardín, que quedó plano y desierto como un solar. Poco después construyeron el edificio, y a un metro de mi ventana un muro fue elevándose hasta dejarme en una oscuridad casi total.
De repente, me sentía en el fondo de un pozo.
Aquella novedad atrajo el interés de mi abuelo por parte de madre. Aquel hombre que llevaba sin trabajar desde el fin de la Guerra Civil, cuando había administrado cartillas de racionamiento durante un tiempo, entró en mi habitación lleno de curiosidad.

Sacó la cabeza por la ventana al muro de penumbra y, tratando de hacer una lectura positiva de aquella catástrofe, dijo:
—Al menos no pasarás frío en invierno.
Le odié por haber dicho eso.

21

Mientras repetía segundo de BUP en una academia del centro, gran parte de mi vida volvía a transcurrir en aquella habitación de ocho metros cuadrados, convertida ahora en oscuro calabozo.

Sólo necesitaba aprobar las tres asignaturas que me habían impedido pasar a tercero, así que iba únicamente un par de tardes a la semana. El resto del tiempo estaba en mi cuarto, escuchando música con la luz cerrada o llenando mi abultada carpeta azul de poemas que yo creía que eran geniales.

Entre el guitarreo siniestro, en mi vida se había colado el primer disco de Suzanne Vega, y quedé prendado de aquella cantautora *indie* que parecía frágil como un pajarillo.

Sin ser mi estilo de música, escuché innumerables veces aquel vinilo. En la funda de papel, entre las letras de las canciones, venía una dirección de Nueva York donde escribirle. Ese detalle me sorprendió.

El humorista norteamericano Fred Allen definió una vez así a las celebridades: «Son aquellas personas que se esfuerzan toda la vida por ser conocidas y, cuando finalmente lo consiguen, llevan gafas oscuras para evitar ser reconocidas».

Aunque no tenía esperanza alguna de que aquella musa lánguida me respondiera, me lancé a traducir para ella —en mi inglés macarrónico— uno de mis últimos poemas, «Largas avenidas». Mientras redactaba la carta con estilográfica, me vine arriba y me pasó por la cabeza añadir algo así: «Puedes cantar mi poema en tu próximo disco, si quieres».

Dicen que la ignorancia es osada, pero por suerte la timidez ejerció de freno, disuadiéndome de que añadiera esa coletilla estúpida.

Y no sólo porque Suzanne Vega escribe sus propias letras, sino porque mi poema, que felizmente he perdido de vista, no debía de ser ninguna obra maestra.

Sólo recuerdo un verso: «La avenida de mis sueños es tan irreal...».

Puse aquel amago de poema torpemente traducido dentro del sobre y, tras escribir sus señas con el código postal, fui a un estanco a comprar los sellos para Estados Unidos y lo eché al buzón.

La sorpresa fue mayúscula cuando, un par de semanas después, recibí una postal de Nueva York con un retrato de Suzanne y una línea manuscrita detrás en la que, muy educadamente, se cargaba mi poema.

Decía: *Behind the words, it must be feeling* (Más allá de las palabras tiene que haber sentimiento). Firmado: Suzanne.

Herido en mi orgullo, rompí la postal en pedazos y la tiré a la basura. Creo que incluso lloré. En aquel momento era incapaz de valorar que una artista con tantísimos fans se hubiera tomado unos minutos para leerme y remitir aquella pequeña crítica.

Poco después dejé de escribir. No volvería a hacerlo hasta muchos años más tarde.

22

Antes de proseguir con mi historia, debo introducir un personaje del que aún no he hablado y que fue fundamental en mi vida: Eloi.

Mi único primo, junto con su hermana, por parte de padre era una persona única para lo bueno y para lo malo. Y así como Edu me inició en la tribu y en las correrías nocturnas, Eloi fue mi primer maestro en los territorios de la creatividad y el amor.

Me llevaba tres años y se encargaba de mostrarme caminos que yo recorrería después. De un talento e imaginación insólitos, desde muy pequeño dibujaba y pintaba con admirable facilidad. También construía en su habitación toda clase de artilugios. Por ejemplo, periscopios que, gracias a un circuito electrónico ideado por él, permitían ver un mundo submarino plasmado por sus pinceles.

En el proyector de cine NIC, que funcionaba con un rollo de papel que se iba girando con una manivela, creó viñeta por viñeta una película animada deudora de *El coloso en llamas*, que impactó mucho en la época. Su versión era *El colegio en llamas* y recuerdo que los niños escapaban del incendio saltando por las ventanas con paraguas.

Al llegar a la adolescencia, Eloi consiguió una cámara de Super 8, un proyector y una montadora manual de acetato. Con ese escaso equipo, y su hermana y yo como actores, filmaría dos cortometrajes: *LEM*, inspirado en *La Guerra de las Galaxias* y *L'OU*, que venía a ser una parodia de *Alien*.

Además de crear constantemente cosas nuevas, tras su muerte temprana apareció una carpeta llena de manuscritos suyos, con numerosos cuentos e incluso una novela completa titulada *Kraken*.

Asistir a aquella constante explosión de creatividad me contagió desde niño. Eloi vivía con su familia y mis abuelos paternos en un enorme piso de Rambla Catalunya, y yo y mi hermana íbamos cada domingo a pasar la tarde con ellos.

Mi primo, que ejercía de hermano mayor y de amigo, siempre tenía alguna sorpresa que mostrarme. Una espada luminosa construida con su ingenio, un nuevo disco —por él conocí las bandas *new romantic*— o una historia que me dejaba boquiabierto.

Gracias a él me iba enterando de cómo funcionaban las relaciones amorosas. Yo escuchaba con asombro lo que hacía con su primera novia, una chica dulce y tranquila a la que pronto conocí, ya que Eloi quería que saliera con ellos. Quizás fuera una especie de entrenamiento para que, llegado el momento, yo supiera lo que había que hacer. Eso implicaba estar sentado con ellos en una terraza, por ejemplo, viendo cómo se daban largos besos con lengua.

De esta primera novia pasó a una segunda, más voluptuosa, que duró unos cuantos años más.

Mientras tanto, yo ya tenía diecisiete años y, tras aprobar una de las tres asignaturas en la academia del centro, pude acceder a tercero de BUP en un instituto público al lado de casa, siempre en horario nocturno.

Nada más llegar al I.E.S. Montserrat, sería sometido a mi primera prueba en el campo del amor. Y demostró que mi formación junto a Eloi y sus novias no pasaba de ser meras observaciones, igual que un ornitólogo no aprende a volar por el solo hecho de avistar pájaros.

23

Mi llegada a un instituto público con fama de no regalar ni una décima de punto fue suavizada por el ambiente distendido de clase. Entre la rigidez de mi primera escuela y el nihilismo ricachón de la academia, al Montserrat iban chicos y chicas de clase media acostumbrados a esforzarse en los *sprints* finales.

La asistencia en nocturno era libre, ya que en el grupo había algún alumno de veinte años o más que trabajaba. Yo había elegido el bachillerato de letras puras y en algunas clases, como Latín, sólo acudían cuatro de los cuarenta inscritos.

En mi segunda tarde en el instituto, al pie de las escaleras de entrada me esperaba un nuevo giro en mi guion vital. A cinco minutos de iniciarse las clases, un grupito charlaba fumando relajadamente, apoyados en un coche. Entre ellos, una chica morena con flequillo, de cara angulosa y ojos pequeños y desafiantes, me habló:

—Vamos a la misma clase, ¿verdad?

—Sí, creo que sí… –contesté con timidez, aunque no recordaba haberla visto.

Su rostro se iluminó al sonreír mientras empezaba a hablarme animadamente de cosas que no recuerdo, porque yo estaba demasiado nervioso para registrar nada. Tenía una voz gruesa y melodiosa. Todo en su persona destilaba carácter.

De no haber tomado ella la iniciativa, jamás me habría atrevido a hablarle. Sin embargo, estaba decidido que yo cayera con todo el equipo desde el momento en el que ella dijo:

—Si te parece bien, nos podemos sentar juntos en clase.

Más allá de la chica de Sant Cugat con la que había tomado inocentes cafés, mi única experiencia con lo femenino había tenido lugar en un campo de verano. En una excavación íbera me había fijado en una chica bondadosa de cara redonda que cantaba a la guitarra canciones de Lluís Llach. Tras un timorato intento de acercarme a ella, una amiga suya me había transmitido el mensaje de que mi interés no era compartido. Fin de la historia.

Ahora era yo quien albergaba la ilusión de ser el elegido, y por una chica mucho más interesante. Tal vez no fuera un bellezón al uso, pero tenía personalidad y sus comentarios eran agudos. Reía con franqueza y, a diferencia de mí, parecía muy conectada a la vida.

Antes de contar qué pasó aquella larga tarde como compañeros de pupitre, y todas las tardes que siguieron, tal vez te preguntes por qué no he dicho aún su nombre.

24

Para responder a eso voy a hablar de un aspecto que me preocupa de las biografías. Mucho antes de iniciar este proyecto, yo era ya un ávido lector de autoficción.

Cada vez me cuesta más sumergirme en las novelas. La mayoría me parecen artificiosas, escritas con un lenguaje pretencioso y poco natural, ya que casi siempre la ambición es hacer literatura, no narrar la vida.

Superé este inconveniente al dirigir mi pasión lectora a las biografías. La de Isaacson sobre Steve Jobs me pareció mucho más fascinante que cualquier ficción. Una vida también se puede narrar de manera novelesca, como hace Carrère con Limónov de forma sublime, pero la vida sigue siendo el centro.

Y qué decir cuando es uno mismo quien se cuenta, como la obra descomunal de Karl Ove Knausgård (tres mil quinientas páginas de autobiografía con sólo cuarenta años cumplidos) o *A propósito de nada* de Woody Allen, de la cual disfruté inmensamente con la primera mitad.

En estas autobiografías no sólo se cuenta con pelos y señales la historia de su autor, sino también la de quienes se han cruzado en su camino. Se explican intimidades de personas que no han elegido que su vida privada se airee alegremente y se imprima en miles de copias para que todo el mundo pueda conocerla.

Esta cuestión que me planteaba en mis lecturas ha aflorado a la hora de escribir el libro que estás leyendo. Por un lado, es imposible plasmar la propia historia sin mencionar la de las personas enlazadas a tu destino. Por otra parte, ellas tienen derecho a preservar su intimidad. ¿Cómo resolverlo?

Yo sólo me siento autorizado a hablar impunemente de mi familia. No he podido pedir permiso a mis padres para explicar esto, pero ellos tampoco me pidieron permiso a mí para hacerme nacer.

A fin de salir del atolladero, opté por una solución sencilla. Antes de plasmar intimidades, pregunté a aquellas personas con las que aún conservo cierto contacto. Un largo mensaje de voz por WhatsApp y dos e-mails obtuvieron el silencio como respuesta.

Por lo tanto, al igual que con la gente que jamás volví a ver, he decidido cambiar los nombres, así como detalles concretos que permitan identificarlas. Por el resto, cuento la historia exactamente como la recuerdo.

Volviendo a la modernilla que me tomó por sorpresa en las escaleras del instituto, y que encarnaba la quintaesencia de la chica interesante, la llamaremos Agnès.

25

Antes de meternos en harina, necesito contar lo que significaba ser hijo de una modista.

Mi madre tenía el taller en casa y cada clienta venía al menos tres veces: una para explicar lo que deseaba –solían traer recortes de revistas–; una segunda para una prueba con los patrones cortados a ojo por Marta, unidos por alfileres; una tercera para probarse el vestido finalizado.

A veces se necesitaba una cuarta visita para los últimos retoques. Era un trabajo inmenso por el que, trasladado a la actualidad, mi madre no ganaba más de cinco euros la hora.

Aun así, la clienta tenía que comprar la tela en tiendas como Ribes & Casals, que no era económica, y mandar a mi madre a por botones a juego en la enorme mercería Santa Ana, en Portal del Ángel. De niño me fascinaba ver cómo, una vez escogido el modelo y el color, los botones bajaban de la planta superior en lo que parecía un ascensor de juguete.

Se necesitaba todo eso y luego pagar a la modista. No suponía mucho dinero, pero sí era más caro y trabajoso que comprar un vestido *prêt a porter*. Por este motivo, a excepción de una prima mía que era modelo de Balenciaga, la mayoría de clientas que acudían eran francamente gordas. Por aquel entonces no había tiendas con sus tallas. Y algunas tenían una cintura tan ancha que mi madre no lograba medirlas con sus brazos al extender el centímetro de costura.

Fuera como fuese, crecí gateando entre mujeres medio desnudas, jugando con hilos de colores, dedales y trozos de tela. Como mi padre era una tumba, las únicas conversaciones que oía en casa eran sobre faldas plisadas o con vuelo, blusas camiseras y mucha otra nomenclatura que ya he olvidado.

Estaba acostumbrado a aquel mundo cotidiano, pero no me despertaba emoción alguna. Hasta que, al conocer la profesión de mi madre, aquella Agnès con la que había empezado a compartir pupitre me dijo:

—Yo quiero encargarle algo a tu madre.

Marta casi nunca recibía encargos de jovencitas, por eso me intrigó que aquella chica graciosa de dieciséis años quisiera pasar por el largo —y caro para ella— proceso de costura.

—¿De verdad? –le dije sorprendido–. Pero si tú estás perfecta...

—Yo diría que estoy a punto de reventar, pero dejemos eso. Tengo una idea en mente que necesita una modista.

Ciertamente, Agnès no era alta y estilizada como mi prima modelo, pero su cuerpo parecía de lo más normal. Al ser más bien bajita, tendía a la robustez, pero por aquel entonces a mí me parecía la chica más atractiva del universo conocido.

Comuniqué a mi madre que vendría mi compañera de pupitre a «explicar una idea». Ella leyó en mis ojos que me gustaba y sonrió. Nunca supe si llegó a cobrarle, pero tras la primera prueba me chivó qué modelito quería:

—Una blusa negra ajustada con un agujero en la barriga del tamaño de un plato.

Aquella noticia agitó unas cuantas noches mis fantasías. Imaginaba a Agnès casi desnuda de cintura para arriba durante la prueba, o tal vez desnuda del todo, si había pensado aquel diseño para llevarlo sin sujetador.

Y, ya que hablamos de trapos, fue interesante el cambio que sufrió mi indumentaria al empezar a compartir pupitre con aquella chica estilosa.

El primer día, yo había llegado a clase con mis botas militares y unos tejanos decorados de arriba abajo con manchones de lejía. La técnica era sencilla, aunque horrorizaba a mi madre: se hacía una bola con unos pantalones nuevos y los sumergías en un cubo lleno del líquido corrosivo, que sólo se comía el color de la parte exterior de la bola.

Eran los vestigios del Francesc *afterpunk*, que escondía a un tipo pacífico que escuchaba canciones tristes, se hacía preguntas existenciales y se enamoraba de chicas inalcanzables, demasiado tímido para soltar un par de frases seguidas.

Hasta que llegó Agnès.

Al interpretar que se había fijado en mí, fui cambiando mi forma de vestir para gustarle. Los tejanos con agujeros en las rodillas o con manchas de lejía dieron paso a otros más nuevos, a la vez que las botas de soldado eran sustituidas por unas bambas Converse.

Cuando la transformación se hubo culminado, mi enamorada (platónica) ya había perdido todo el interés por mí. Un día reuní el valor para preguntarle a qué se debía ese cambio de actitud por su parte. Respondió con una honestidad demoledora:

—Me gustabas al principio, cuando aún tenías un ramalazo *punk*. De normal no me resultas interesante.

26

Aquel humillante desenlace demostró que el laboratorio vivo de Eloi y sus novias me habían servido de poco o nada. Yo me preguntaba sin cesar qué había que hacer con una chica para capturar su interés, más allá de la indumentaria.

Tardaría años en encontrar la respuesta, que resulta vergonzante en los tiempos del *Me Too*.

Mi error de base era suponer que una mujer era algo totalmente distinto a un hombre, un ser sobrenatural con poderes que sólo los iniciados podían dominar. Mi idealización del otro género me impedía comportarme de manera normal, que es lo que habría hecho sentir cómoda a Agnès o a cualquier otra chica.

Antes de comprender que, más allá de los atributos sexuales, no hay distinción alguna entre un hombre o una mujer, tendría que pasar aún por un par de desastres mucho peores que éste.

Si hubiera podido hablar con mi padre, si él hubiera roto su mutismo y me hubiese aconsejado, me habría ahorrado mucho sufrimiento. A fin de cuentas, él había conocido a muchas mujeres, como sugerían aquellas cartas que llegaban a casa.

Me habría gustado que me dijera algo como: «Esta chica que tanto te gusta, en lo esencial, es igual que tú. No hay misterio alguno a descifrar. Siente deseo como tú, se masturba en su cuarto, se aburre, a menudo se siente fea, está frustrada por la vida, aspira a algo que ni sabe qué es, igual que tú».

Pero yo no sabía nada de eso, y aún tardaría mucho más en entender qué había creído encontrar, esa tarde en las escaleras del instituto, en aquella mirada perspicaz bajo el flequillo.

Un periodista francés del siglo XIX dijo que estar enamorado significa «exagerar desmesuradamente la diferencia entre una persona y otra». Y si me pregunto «¿por qué ella?» desde mi actual conocimiento de las relaciones humanas, la respuesta me hace sonrojar:

Porque fue la primera chica del nuevo instituto que me dirigió la palabra. Porque interpreté que se había fijado en mí y me sentí obligado a enamorarme de vuelta. Podría haber sido cualquier otra persona y la mecha habría prendido igualmente.

Esto puedo decirlo ahora, en un momento en el que la distinción misma entre mujer y hombre me parece absurda. Prefiero la palabra *persona*. Sin embargo, para liberarme de mi carácter enamoradizo y fabulador hicieron falta más de diez años y escribir una novela.

Sí, una novela. A menudo se habla de que el arte es un exorcismo para el creador. Pues bien, al llegar a los treinta, esta experiencia ridícula que acabo de narrar desembocó en una novela que, gracias a lo que aprendí al escribirla, cambiaría mi visión del amor.

También cambiaría mi vida.

27

Permíteme que abandone por un momento la década de los 80 para saltar al año 2001, a una odisea literaria. Luego volveré y retomaremos aquella vida donde la dejamos.

Una vez publicada mi primera novela, *Perdido en Bombay*, dirigida al público infantil, me propuse dar el salto a la narrativa juvenil. Escribir para lectores de catorce o quince años es como hacerlo para adultos, en el sentido de que puedes tocar cualquier tema, y había uno que me atraía en especial.

Tras aquella novela de aventuras que me había servido para explicar las distintas espiritualidades de la India, me apetecía sumergirme en una historia íntima y cotidiana. Al volver la mirada a mis dos años en el instituto Montserrat, supe que quería narrar la experiencia del primer amor.

Para tener un *deadline* y que el proyecto no se eternizara, participaría en el Premio Gran Angular en catalán de la misma editorial que había publicado mi ópera prima.

El último día para la entrega de originales era el 11 de septiembre, pero a primeros de año yo ya estaba llenando de hilos de tinta una gruesa libreta, tal como había hecho con la novela infantil. Me encontraba aún en la fase romántica del escritor, y creía que nada que no plasmara primero con estilográfica podía salir bien.

Pero no nos perdamos ahora en aquellos rituales. El sentido de este *flash-forward*, si puede llamarse así, es ver cómo mi frustrado romance con Agnès acabó tomando forma de novela, aunque la protagonista femenina no se pareciera en nada a ella.

Genís Gracia siente que su vida es un vacío sin final hasta que un compañero de clase le introduce en un particular círculo. En una plaza solitaria del Barrio Gótico de Barcelona se encuentran cada tarde un grupo de jóvenes para filosofar. La líder de este pretencioso clan es una tal Alicia que va a secuestrar el corazón del chico.

Se la presentan en la mitad exacta de la novela. Sin embargo, Genís recuerda haberla visto en una fiesta a la que había acudido, meses antes, con un amigo del instituto. De hecho, la chica misteriosa aparece ya en el primer capítulo:

> Sin dejar de mover la cabeza al ritmo de la música, Joan-Marc me señaló con un gesto una chica que estaba de pie, completamente sola, al fondo del salón. No la había visto nunca por el instituto: era muy alta y delgada, con el pelo corto y negro, del mismo color que un abrigo de hilo que casi le llegaba a los pies. Me extrañó que no bailara ni se hubiera integrado en uno de esos grupitos que, aquí y allá, charlaban de cualquier cosa. Parecía algo mayor que nosotros, tal vez un año más, aunque era difícil de saber. Se limitaba a observar la escena con cara de aburrimiento, como si todos fuéramos bobos, y probablemente lo éramos.
>
> Entonces Joan-Marc, sin dejar de mirarla, me preguntó:
>
> —Genís, ¿tú qué pensarías de alguien que viene a una fiesta y no se quita el abrigo?

Mientras avanzaba artesanalmente por el cuaderno de doscientas páginas, la novela no tenía aún título definitivo. Como seudónimo para el concurso había elegido *Argila* (arcilla, en catalán) y el título provisional era *Extiende las alas*, por una canción de Queen.

Sin embargo, al pasar una mañana por la librería Taifa de la calle Verdi, en el epicentro de Gràcia, vi un libro que sería toda una revelación: *Poemas japoneses a la muerte*. El subtítulo en la portada lo acababa de aclarar: *Escritos por monjes zen y poetas de haiku en el umbral de la muerte*.

Mi alma «*dark*» me obligó a comprar aquel poemario, que contenía cientos de perlas como ésta:

> Si alguien preguntara
> adónde ha ido Sokan,
> decid tan sólo:
> «Tenía cosas que hacer
> en el otro mundo».

Aquel descubrimiento acabó de perfilar el personaje de la oscura Alicia, que además de filósofa aficionada es una enamorada de los haikus. Una vez aceptado en el círculo de las Buenas Sensaciones, como se hace llamar el corrillo de frikis, ella le enseña el arte del haiku.

Genís se siente en inferioridad de condiciones ante esta chica fascinante y algo andrógina, llegada de un desconocido país del Cáucaso. Pero ella parece tener cierta simpatía por él. Hasta el punto que un día, tras el encuentro en la plaza, ella le sigue secretamente en su melancólico paseo hasta el puerto de Barcelona.

Es de noche y Genís se ha tendido en el muelle a mirar las estrellas. Alicia llega por sorpresa, se estira a su lado y le cuenta lo siguiente:

—Cuando era muy pequeña, a veces me escapaba de mi habitación para ver las estrellas. Salía por la puerta de atrás y me tendía sobre el césped del jardín. Sólo miraba, con eso tenía bastante. En la escuela nos habían hablado un poco sobre el sistema solar, la Vía Láctea y todo eso, pero yo no me creía nada.
—¿Ah no? ¿Y qué creías?
—Llegué a la conclusión de que un gigante travieso, uno muy grande, nos había encerrado a todos los humanos en una caja, como los gusanos de seda. La caja tenía muchos agujeritos que el gigante había hecho para que pudiéramos respirar. Como afuera siempre era de día, la luz penetraba por los agujeros formando estos puntitos de luz que llamamos estrellas.

Esta teoría se la había oído yo a una niña en Formentera, durante las extrañas vacaciones que hice como objetor de conciencia en casa de un coronel. El caso es que Genís, que ya estaba prendado de Alicia, tras este momento bajo las estrellas cae en el pozo sin fondo del enamoramiento.

No sabe cómo expresarle lo que siente, pero en su imaginación enfermiza empieza a formarse una idea: aunque jamás ha escrito, si Genís es capaz de componer un haiku para ella y se lo entrega, la magia operará y será correspondido.

En este punto de la historia, decidí que la novela se titularía *Un haiku para Alicia*.

28

Agnès no tenía nada que ver con esta huidiza emigrante. Era una chica de familia acomodada, como la mayoría de los alumnos del Montserrat.

De hecho, en aquella aula donde pasé dos años se reunían bastantes personalidades glamurosas. Había chicas con porte de modelo, como la novia del cantante de Brighton 64, así como su propia hermana, que llegaría a ser más famosa que él: Ariadna Gil.

La actriz de la oscarizada *Belle Époque*, entre muchas otras películas, se sentaba un pupitre delante de mí, una vez expulsado del de Agnès, y era de carácter reservado. No llegué a hablar nunca con ella. Tenía el pelo largo y un estilo Pocahontas.

Al finalizar el último curso, se supo que había rodado su primera película, *El complot de los anillos*. Los chicos de clase peregrinaron al cine porque se había corrido la voz de que salía desnuda.

Pero retrocedamos a mi primer año en aquel instituto, hasta el pupitre arrimado a la ventana que compartía con Agnès.

Yo procuraba llegar siempre diez minutos antes a clase y al principio ella también. Al terminar, a veces hacíamos juntos un trecho del camino.

Sintiendo que se me habían abierto las puertas del paraíso, yo me esforzaba por prepararme temas de conversación salpicados de anécdotas que pudieran ser interesantes.

Fuera de esos ratos en clase y de los paseos de corto recorrido, tuve una única cita de verdad con ella. Logré que aceptara quedar en una heladería del centro. Más allá de que mi ropa hubiera perdido el espíritu *punk*, aquello fue el fin. Al tenerla sentada delante de mí, yo estaba tan nervioso que no me salían las palabras, o me salían sólo estupideces.

Había sido fácil engañarla por espacios de diez minutos, con el guion aprendido de casa, pero una cita de una hora, más el camino de vuelta juntos, eso era otra cosa. Demasiada película para tan poco guion.

Agnès se dio cuenta de que yo era un tonto sin experiencia y dejó de interesarse.

Hubo un amago de segunda salida para estrenar una cámara réflex que me acababan de regalar. Necesitaba una modelo y le pedí si podía ser ella. Agnès nunca habría dicho que no a una propuesta artística; de hecho, acabaría trabajando en el mundo del cine, como su amiga Ariadna. Aun así, en medio del *shooting* en el Barrio Gótico, me aclaró:

—Que conste que sólo hago de modelo, no imagines que somos otra cosa.

Con aquello quería dejarme claro que aquello no era una cita y que yo no era nadie para ella. Me ofendí profundamente y creo que la mandé a la mierda. Con toda serenidad, me dijo que adonde yo pudiera mandarla le daba igual.

The End.

Expulsado de aquel paraíso con forma de pupitre, me trasladé a otro en el centro de la clase. Allí fui acogido por Pau, un chico del Eixample que acabaría siendo azafato de Iberia y luego comercial de barcos hasta que le perdí la pista.

Se había dado cuenta de mi cataclismo y me adoptó para su grupo de amigotes, que pasaban los fines de semana agitando los dados en un bar llamado Gallocanta. A mí me aburría soberanamente jugar al Kiriki y beber una mediana tras otra, pero aquel chico leal de cara granítica y gran nariz me enseñó un valor que en adelante ha sido esencial en mi vida.

Hay un principio que siguen todos los guionistas de Pixar: *una cosa es lo que el héroe quiere, otra es lo que en realidad necesita.* Y en el viaje de una a otra cosa está la madre del cordero.

En mi caso, yo suspiraba por el flequillo de Agnès, pero aún no sabía nada de la vida, por muchos conciertos y borracheras que tuviera a mis espaldas. Pau me enseñó el valor de la amistad, más importante que salir airoso de un romance.

29

Como un trasplante sin anestesia, del nihilismo de Edu y las conversaciones *cool* con Agnès pasé a formar parte de una banda de asesinos del tiempo. Era un grupo exclusivo de chicos sin otra pretensión que divertirse, eructar, ver futbol o convocar orgías a las que no acudía chica alguna.

Aquellas relaciones forjadas a lo largo de años estaban destinadas a durar lo que hiciera falta. Contaban conmigo todos los fines de semana y, aunque no compartíamos los mismos gustos, me enseñaron el valor de la amistad incombustible, algo que no había vivido hasta entonces. Daba igual lo idiota o desastroso que pudieras ser, ellos seguirían queriéndote.

Me trasladé a esta época hace poco al leer la novela *Cuatro amigos* de David Trueba, quien por cierto estuvo casado con Ariadna Gil. Las conversaciones entre estos cafres que emprenden su último viaje de juventud en una furgoneta me recordaron dolorosamente a las nuestras.

Un saludo típico entre mis nuevos amigos podía ser:

—¿Cómo estás? ¿Ya se ha recuperado tu abuela del hijo que le diste?

Y a partir de aquí se hablaba de cualquier cosa, mientras los dados rodaban por la mesa y empezaba el baile de las cervezas.

Con el tiempo me he dado cuenta de que lo que Pau hizo por mí fue el rescate de un náufrago. Como gesto de gratitud, cuando escribí *Un haiku para Alicia* decidí incluirlo en la novela como compañero de pupitre del protagonista. Y con su mismo nombre.

En mi homenaje, describía incluso una manía real de Pau durante las clases de bachillerato.

Desde que lo conozco que hace gráficos de sus campanas escolares. Traza estadísticas mensuales, por asignatura y en conjunto, que después refleja en un gráfico anual de grandes dimensiones. Esta singular tarea la lleva a cabo con una precisión increíble: primero hace las marcas con el lápiz; luego traza las líneas con mucho esmero; separa la regla para ver cómo han quedado, y finalmente las repasa con bolígrafo, que es de un color diferente para cada asignatura. Siempre he pensado que si trasladara esa dedicación a los estudios sería, sin duda, el primero de la clase [...]

—¿Qué hice el martes? –me preguntó.

—No viniste.

Con la lengua entre los dientes, borró una de las rayas y repasó la suma que había hecho en un trozo de papel. Tras comprobar que el resultado era correcto, añadió una nueva cruz en el margen izquierdo del gráfico [...]

Al acabar el cálculo, trazó una nueva línea que se encaramaba como si fuera el Everest. Como siempre, una vez finalizado el gráfico, venían el análisis y las conclusiones.

—Esto es un escándalo –confesó alarmado–. Tendré que ponerme las pilas si quiero pasar el curso.

Esta declaración coincidió con el final de la clase, a la que –exceptuando cinco minutos– era como si no hubiéramos asistido. No entendía por qué se angustiaba tanto por el resultado de los gráficos: a fin de cuentas, en nuestro caso, venir a clase o quedarse en casa no era tan diferente.

Cuando la novela se publicó, quince años después de estos hábitos para llenar el tedio, apenas manteníamos contacto, pero me hizo mucha ilusión enviarle un libro a su casa. En la dedicatoria le ponía que era el único personaje real de la novela, por eso salía con su nombre.

En uno de sus versos, Gil de Biedma confesaba esto: «Creía que quería ser poeta, pero en el fondo quería ser poema». Y yo daba por supuesto que a todo el mundo le gusta quedar inmortalizado como un personaje de ficción. Tal vez fue un error.

Nunca llegamos a vernos para comentar el libro ni supe más de él. Espero que no le moleste que le mencione ahora en mi autobiografía. Sea como sea, gracias por enseñarme el valor de la amistad, chicos. Salvasteis la vida a este náufrago del amor.

30

En el diciembre de mis diecisiete años, hice por primera vez algo que se convertiría en el motor de mi vida. La escritura era para mí algo del pasado y el amor un sueño sin futuro. Sólo quedaba viajar.

Mucho tiempo después, tras haber vagado por más de cincuenta países, cuando me preguntaban de dónde me venía aquella fiebre, solía contestar: «Cuando viajo, al menos sé que voy a algún sitio».

Más allá de las vacaciones familiares, nunca había ido por mi cuenta a ningún sitio, y menos aún al extranjero. Mi amigo JR ya había formado parte del clan de Edu y de las reuniones de bar con Pau, así que esta primera vez tenía que ser con él.

Fue una experiencia reveladora a la vez que extraña. Apostados en un puente del Sena, mientras fumábamos mirando la Estatua de la Libertad que inspiró la de Nueva York, me asaltó un intenso sentimiento de distancia. Al principio me asustó. Nunca me había encontrado tan lejos de casa y de quien yo era allí, y éste sería el germen del furor viajero que me dominaría en adelante.

No te aburriré con los paseos y descubrimientos que hace cualquier joven que llega a París por primera vez, pero sí reproduciré algo insólito que sucedió durante el Fin de Año.

Lo reproduzco de mi *Monday News*, una tradición que inicié hace diez años y que trato de mantener semanalmente. Son ya 500 retazos de mi vida que me han servido para recuperar momentos concretos de mi historia. Como el que sigue.

Hay lecciones ocultas que captamos mucho después, con el paso de los años o incluso las décadas. Ya lo decía Kierkegaard: «La vida se vive hacia delante, pero se comprende hacia atrás».

Esta que voy a contar forma parte de una Nochevieja que viví en París en mi primer viaje. Había ahorrado durante todo un año, junto a mi mejor amigo, con el fin de pagarnos el autocar y el albergue para vivir estas fechas en la ciudad de las luces.

Llegamos el 28 de diciembre y nos quedamos asombrados con las dimensiones de los monumentos, con las calles, los cafés y las chicas de bonitos abrigos y boinas ladeadas.

Nevaba en París y al llegar el 31 nos quedaban ya muy pocos francos. Reunidos con otros cuatro jóvenes del autocar, decidimos celebrar la Nochevieja en nuestra habitación compartida del Léo Lagrange, un albergue del barrio de Clichy.

Uno de ellos tenía un radiocasete, habíamos comprado uvas y teníamos un par de botellas de champán. Los fuegos artificiales ya los veríamos por la ventana.

Nuestra fiesta comenzó a las 21:30 comiendo pan y restos de turrón que alguien traía en su bolsa. A las 22:30 ya habíamos vaciado las dos botellas de champán y era obvio que había que ir a por más. Como buenos compañeros, juntamos todo el dinero que teníamos para comprar más bebida y recibir el nuevo año como se merecía.

JR y uno de los chicos se ofrecieron a ir en busca de más alcohol. Sin embargo, había un problema técnico. Era 31 por la noche y todas las tiendas habían cerrado ya en París. Al preguntar en recepción, nos dijeron que había que ir al *drugstore* de los Campos Elíseos.

Sin tiempo que perder, nuestros embajadores de la fiesta tomaron el dinero y fueron al metro con la misión de volver con las provisiones lo antes posible. Los otros cuatro nos quedamos esperando en la habitación. Teníamos un despertador para seguir la cuenta atrás del año y unas latas de cerveza que alguien había sacado de una máquina expendedora.

Llegó la medianoche y los expedicionarios no habían regresado todavía. El cielo de París estalló en fuegos artificiales y se oían gritos de júbilo desde la calle. Para mitigar nuestra desolación, uno de los chicos propuso brindar con unos culos de cerveza recalentada. Yo le frené con el razonamiento más estúpido que he hecho en mi vida:

—¡Ni hablar! Aquí no se celebra nada hasta que estemos todos. Vamos a atrasar el despertador media hora y haremos como si no fueran las doce.

Dicho esto, puse el despertador a las 23:30, convencido de que los conseguidores de champán estaban al caer y celebraríamos las campanadas diferidas con ellos.

Cuando la aguja del despertador marcó la medianoche y en París eran ya las 00:30, aún no habían llegado. Yo sufría por ellos, pensando que quizás el metro no funcionaba y estaban cruzando la ciudad a pie con sus botellas, así que atrasé el despertador nuevamente hasta las 23:30.

Ante la mirada escéptica de mis compañeros de aquella triste fiesta, realicé la misma operación dos veces más. A las dos de la madrugada, nuestro reloj para las campanadas seguía en sus trece, es decir, media hora antes de medianoche.

Mi amigo y su acompañante llegaron al albergue, totalmente borrachos, a las 02:30. Dejaron un par de botellas en el suelo y yo le pregunté:

—¿Dónde coño estabais?

Explicaron que había cola en el *drugstore* y que las campanadas les habían pillado en los Campos Elíseos, camino del metro. Habían alucinado tanto con el ambiente (en Nochevieja, los franceses besan a los desconocidos en la calle) que se quedaron ahí dos horas bebiendo, gritando y haciendo amigos.

Yo me puse furioso y guardé mal recuerdo de esa velada durante mucho tiempo.

He tardado años en comprender la lección oculta de aquella Nochevieja. Los gilipollas habíamos sido nosotros, con mención especial para mí. Con aquellos dos o sin ellos, deberíamos haber salido a la calle a celebrar como todo el mundo.

Permanecer congelados a las 23:30 en un albergue de extrarradio, en nuestro particular Día de la Marmota, era un justo castigo por no respetar la magia del momento. La vida no espera a nadie.

31

Y aquí empezó la locura. Acababa de descubrir un nuevo tipo de libertad a la que me volvería adicto.

A mil kilómetros de casa, no existía Agnès, el silencio perpetuo de mi padre, el fracaso escolar, las extenuantes jornadas de mi madre. Ni siquiera existía el Yo con el que hasta entonces me había identificado.

Fuera del mundo conocido, que guardaba las huellas de mis pequeñas y grandes catástrofes vitales, me podía permitir ser Nadie.

Quien observaba el Sena desde el puente, una fría mañana de invierno, era alguien sin pasado ni historia conocidos. Sólo un viajero que no debía nada a la vida, libre de hacer lo que quisiera, de ser quien deseara en cada nuevo mundo.

Tal vez por eso, en aquella época me impresionó la novela *El difunto Matías Pascual* de Luigi Pirandello. Cuenta la historia de un hombre harto de su vida miserable en el pueblo. Cuando aparece un muerto en un pozo y todo el mundo cree que es él, aprovecha la confusión para huir en tren y se inventa una nueva identidad.

Huir de uno mismo, tal vez ésa sea la clave, más allá del placer de descubrir otros escenarios, otras gentes, otras aventuras.

El periodista y escritor Xavier Moret, a quien he leído con gusto y me encantó entrevistar, dice que siempre «viajamos persiguiendo un sueño y que la cuestión es descifrar cuál es este sueño».

Para descubrirlo, a partir de que obtuve mi primer empleo, viajar se convirtió en mi único propósito vital. Ahorraba para subirme a trenes y recorrer países, donde conocía a gente que me invitaba a sus casas y luego yo a ellos. Cuando no estaba trabajando, salía de viaje sin pensarlo dos veces.

Por aquel tiempo, no sabía qué hacer con mi vida, así que cuando me preguntaban por mi profesión, contestaba: «Soy viajero. Aparte de eso, puedo trabajar de cualquier cosa».

No imaginaba que acabaría siendo escritor, y aún menos que una profesión tan sedentaria me haría viajar tanto.

Pero me estoy saltando capítulos. Vamos a retroceder un poco hasta llegar a una taberna oscura y cálida donde obtendría una nueva iniciación.

32

El azar no es sólo el *leitmotiv* de muchas novelas de Paul Auster. Es también el guionista secreto de la vida, aunque a menudo no comprendamos el argumento de la obra hasta tiempo después.

Hacia los quince años empecé a practicar taekwondo en un pequeño gimnasio cerca de mi calle. Siempre he sido fatal para los deportes, pero me gustaba aquella disciplina oriental y los ratos que dedicábamos a meditar.

Aunque fueras un cero a la izquierda en los combates, como era mi caso, si vas aprendiendo los *pumses* —coreografías de defensas y ataques contra oponentes imaginarios—, tu cinturón va cambiando de color. Del blanco pasé al amarillo y luego al naranja hasta alcanzar el verde.

Aquí me paré y dejé de ir al gimnasio, quizás porque mi último curso en el instituto era un desafío máximo. Arrastrando aún dos asignaturas de 2.º de BUP, tenía que aprobar el entonces llamado COU (Curso de Orientación Universitaria) para llegar limpio a la selectividad. Si aprobaba esta reválida general, dependiendo de la nota podría acceder a una carrera u otra.

Nadie de mi familia había llegado nunca a la universidad, así que me lo planteé como un reto personal. Estudié por primera vez en mi vida y fui salvando los escollos; para algunos necesité de la intervención de la providencia.

Mi comprensión de la gramática latina era nula, pero el día del examen tuve un tremendo golpe de fortuna: el texto para traducir lo había leído casualmente la noche antes, mientras intentaba estudiar, y recordaba lo que decía. Por lo tanto, vomité por escrito primero el texto en castellano y luego lo relacioné con el original. Salvado por la campana.

Sin duda, somos dueños de nuestro destino, pero en ciertos momentos hay que tener suerte. Y a mí me sonrió nuevamente en un segundo gimnasio al que acudí para reengancharme al taekwondo.

Tras aprobar milagrosamente el COU y la selectividad, me inscribí como primera opción en Periodismo. La segunda era Psicología y, a partir de ahí, ya puro relleno. Al final del verano, según la nota de corte de cada carrera y universidad, conocería mi destino.

Mientras tanto, me entretenía acudiendo a clases de taekwondo en un *dojo* de Rambla Catalunya. El instructor era un francés llamado André con un dan muy elevado. Al verme en acción por primera vez, me degradó de cinturón verde a naranja, algo que debe de suceder raramente en las artes marciales.

Aun así, seguí yendo un par de veces por semana. Corría alrededor del rectángulo de tatamis, practicaba *pumses*, hacía ejercicios para flexibilizar las ingles. Lo que menos me gustaba era el combate.

En uno de los emparejamientos, me pusieron un contrincante de dieciséis años de mejor cinturón y mucha más fuerza. Tras intercambiar unos cuantos puñetazos y patadas, en un golpe certero de mi oponente salí volando y aterricé, al otro lado de una cortina, sobre un montón de zapatillas.

No pondría esta anécdota aquí si no tuviera relevancia respecto a lo que contaré después. Aunque parezca imposible que una acción tan ridícula tenga consecuencias, sigo el principio que en escritura se conoce como «rifle de Chéjov». Su origen está en una carta enviada por el literato ruso al dramaturgo Aleksandr Semiónovich Lázarev: «Uno nunca debe poner un rifle cargado en el escenario si no se va a usar. Está mal hacer promesas que no piensas cumplir».

Al final del verano supe que, por una décima, no había conseguido entrar en Periodismo, como era mi ilusión. Por lo tanto, fui a la facultad de Psicología de la UAB (Universidad Autónoma de Barcelona) a inscribirme sin entusiasmo alguno.

Viendo los temas a los que luego he dedicado mi carrera, me habría sido de gran utilidad aquella licenciatura, pero en aquel momento yo sólo era un cometa que cruzaba sin rumbo la noche estelar.

Con diecinueve años cumplidos, me dije que además de estudiar tenía que encontrar un trabajo. No quería pedir dinero en casa y, por otro lado, necesitaba volver a viajar cuanto antes. Sin demasiada fe, empecé a mirar en *La Vanguardia* los anuncios clasificados con ofertas de empleo. En aquella época era el lugar donde todo el mundo buscaba.

Entre anuncios casposos para comerciales a comisión, encontré una breve nota solicitando un camarero joven sin experiencia para algunas tardes a la semana. Llamé inmediatamente y una voz masculina me informó de que los aspirantes debían acudir aquella tarde a la calle Montsió n.º 7.

Aquello estaba en el Barrio Gótico, al lado de Els Quatre Gats, la mítica taberna donde el joven Picasso y sus amigos habían pasado sus veladas.

El establecimiento que seleccionaba un camarero se llamaba Les Puces del Barri Gòtic y un segundo cartel decía «Racó de l'Artista» para mostrar su sintonía con el famoso local vecino.

Al llegar yo, habían entrevistado ya a decenas de candidatos.

Las paredes eran de gruesos bloques de piedra, ya que el local ocupaba el espacio de un antiguo convento de monjas. Atravesé la planta baja, llena de mesas rústicas y máscaras de hierro en las paredes, hasta llegar a la barra. Allí estaba el propietario, un hombre grueso con barba, junto a su hijo adolescente.

Cuando empezaba a hacerme las preguntas de rigor, el chico de repente abrió los ojos y gritó:

—¡Elígelo a él, papá! Es muy buen chaval.

Al fijarme bien le reconocí. Era el mismo que me había lanzado al lecho de zapatillas de una patada.

33

Dos días antes de empezar las clases en la universidad, me comunicaron que podía matricularme en Periodismo. Un par de admitidos que habían renunciado me habían abierto las puertas.

Pensando que esto era un tercer golpe de suerte, me olvidé de Psicología y corrí a elegir las asignaturas. Enseguida advertí que algunos horarios chocarían con mi nuevo trabajo, ya que había asignaturas por la tarde y yo entraba en Les Puces (en catalán, las pulgas) a las seis, cinco días por semana.

De haber estado en el centro de Barcelona, aún me lo habría podido combinar, pero la UAB era como una base lunar en medio de la nada. Para cubrir los veinticinco kilómetros que la separaban de la ciudad, en aquella época era necesario tomar el tren y luego una lanzadera que, después del mediodía, pasaba de uvas a peras.

Una tarde que perdí esa conexión con la línea principal llegué casi una hora tarde al trabajo. El propietario, del que hablaré enseguida, llamó al teléfono del bar muy enfadado. Le pedí disculpas y le dije: «No volverá a suceder». Al oír eso, su voz se dulcificó y supe que me había perdonado.

No volví a acudir a la facultad por la tarde.

Antes de explicar mi nueva y complicada vida, quiero detenerme un poco en quién era el dueño de aquella taberna bohemia. Todos lo llamaban Miguel Padre, porque tenía un hijo con su mismo nombre que se reincorporaría al negocio cuando terminara el servicio militar. Su hermano pequeño, Álex, aunque era menor de edad, estaba al mando de la empresa.

Miguel Padre era actor —había hecho un par de películas y, sobre todo, teatro— y se interesaba por Les Puces a distancia. Como Charlie y sus Ángeles. Muy de vez en cuando se dejaba caer por allí y se sentaba a una mesa a tomar un vino y cenar algo, como si se tratara de un cliente.

Era un hombre de carácter fuerte, pero muy cariñoso y protector. Además de su hijo pequeño, estábamos yo y otro camarero, Pablo, un par de años mayor. Pronto se incorporaría JR y formaríamos la cuadrilla de la muerte. Miguel Padre ejercía de padrino. Aparte de contarnos anécdotas de sus viajes, a veces nos dirigía una mirada muy seria para darnos algún consejo sobre la vida, como:

—No olvidéis esto que os diré ahora. El hombre y la mujer están hechos para amarse, pero no para vivir juntos.

Fuera de estas apariciones estelares, aquella taberna de dos plantas en la que se juntaban más de cien bebedores la llevaba un grupo de chicos que acababan de dejar la adolescencia. Íbamos metiendo los billetes en la caja y Álex, cada par de horas, cogía un fajo y lo guardaba en su bolsillo.

—¿Por qué lo haces? –le pregunté una vez inocentemente.

—Es que si no, vuelan.

Cerrábamos casi a la una entre semana y a las dos y media el fin de semana. El dinero de toda la recaudación, que podía ser mucho, se ponía en dos jarras de cerveza y se guardaba en un cajón de la cocina. Muy avanzada la madrugada, Miguel Padre entraba con su propia llave y se lo llevaba.

Aquél era un tipo de vida totalmente nuevo para mí. Menos los dos días a la semana que libraba, trabajaba de media ocho horas diarias, y al echar la persiana abajo nos quedábamos un par de horas bebiendo.

Me quedaba poco tiempo para dormir y cuando cogía, resacoso, el tren hacia Bellaterra, donde se encuentra la UAB, estaba muerto. La mayoría de asignaturas, además, no me interesaban lo más mínimo. Sólo disfrutaba en las clases de historia contemporánea de Francisco Veiga, que luego escribiría varios libros sobre la guerra de los Balcanes.

Había una única asignatura de redacción, cuando yo había esperado escribir desde el primer año. Por otra parte, me sentía fuera de lugar en aquel ambiente. Había mucho trepa con cartera de plástico, tratando de hacer contactos para entrar en alguna redacción de periódico, radio o televisión, a la mínima que se diera la oportunidad.

Yo tenía una visión idealizada del periodismo que no encajaba con la de aquellos yupis de la información.

Lo cierto era que mi mundo físico y espiritual se había trasladado a aquella taberna del Gótico. Incluso los días de fiesta pasaba por allí y me quedaba horas charlando con los chicos. Vivía prácticamente entre esas paredes de piedra, y pronto pasaría incluso las mañanas ahí, aunque abríamos sólo de tardes. Esto lo contaré más adelante.

El caso es que una de las tardes que yo estaba de servicio aparecieron dos chicas de mi edad y se sentaron a una mesa a tomar unas cervezas. Una de ellas ejercía de acompañante y noté que la otra me observaba atentamente a través de unas gafas redondas de montura metálica. Tenía el pelo rizado rubio y facciones antiguas.

En uno de mis viajes por la sala para traer jarras de sangría, me hizo un gesto para que me acercara.

—Tú vas a primero de Periodismo, ¿verdad? –me preguntó con un tono de voz dulce.

—Sí... –repuse sorprendido–. ¿Cómo lo sabes?

—Te he visto en clase. Por cierto, me llamo Rita.

—Pues es raro que me hayas visto –dije después de presentarme–, porque últimamente estoy yendo muy poco.

A la mañana siguiente sí fui a la facultad. En medio de los cien alumnos de historia contemporánea distinguí a aquella damisela entre *hippy* y victoriana.

Cuando nos sentamos juntos, yo no podía imaginar que con ese gesto estaba firmando mi acta de defunción como estudiante de Periodismo.

34

Más que un universitario que trabaja, me había convertido en un trabajador que a veces aparecía por la universidad. Sólo iba a la clase de historia, pero sobre todo para ver a Rita.

Charlábamos unos minutos antes de clase y escuchábamos al profesor Veiga. Luego ella iba a la siguiente asignatura, mientras yo proseguía mi vuelo de satélite fuera de órbita.

Para mi sorpresa, Rita empezó a aparecer muchas tardes por Les Puces. Al darse cuenta de la situación, Pablo, que ejercía de encargado cuando no estaba el hijo del dueño, me animaba a sentarme con ella si no había mucha gente.

Nos quedábamos un rato largo charlando, imposible recordar de qué. Más allá de nuestro supuesto interés por el periodismo, a Rita le entusiasmaba Joaquín Sabina. Mis gustos seguían en la melancolía de las tinieblas.

Todas aquellas visitas entre semana, en los días que yo trabajaba, me hicieron deducir que ella estaba interesada por mí. Embelesado con su atención, empecé a idealizarla.

Había caído en la misma trampa que con Agnès: la de creerme elegido y en la obligación de corresponder. Dicen que si te ha faltado el amor de niño, tratarás de comprarlo de adulto satisfaciendo a los demás. Ésa ha sido la historia de mi vida y, hasta que no se hizo la luz, fue adquiriendo diferentes formas.

En esta fase, yo encarnaba el papel de enamorado de una compañera de universidad a quien, en realidad, apenas conocía. Fuera de sentarnos juntos un día por semana en la facultad y de aquellas charlas en la taberna, creo que quedé con ella una sola vez. Fue en un bar del extrarradio llamado Siboney.

El motivo, por parte de Rita, era invitarme a colaborar en una emisora de radio que se había creado en el distrito donde ella vivía.

Yo me decía que en algún momento tendría que dar el paso, pero nadie me había enseñado cómo hacerlo. Según las novelas y las películas que había visto, antes o después había que declararse. Hasta que no me decidiera, Rita sería sólo mi amiga y mi amor platónico.

Fuera de eso, disponía de mi propio dinero y mi vida entera transcurría en aquel antiguo convento, ahora consagrado al vicio. A cada cierre le seguía una nueva borrachera de los empleados. Para ello recurríamos a un juego de cartas diabólico que obligaba a beber un chupito a los que perdían la mano.

A menudo se sumaba un camarero de un restaurante vecino. Con él todo seguía un guion prestablecido. Quizás porque iba más cansado que nosotros, enseguida le entraba sueño. Tras un par de horas en el juego de los chupitos, indefectiblemente caía dormido. Con la cabeza sobre la mesa, los veteranos de la taberna ejecutaban entonces su ritual.

Mientas uno llenaba su cabeza rizada de atún de lata, aceite incluido, el otro se servía de un palillo para meterle con cuidado –para no despertarle– una anchoa en cada oído. Y así quedaba, descansando sobre la mesa, durante una hora en la que el juego de cartas seguía con más risas si cabe.

Pero llegaba el momento en el que se despertaba y, al notar humedad en la cabeza y en los oídos, se palpaba la cabeza y empezaba a gritar como un loco y a maldecir a todos los santos. Salía del local hecho una furia, pero no tardaba más de un día en regresar.

Yo estaba a punto de dimitir como universitario, y me sentía cómodo en ese ambiente tabernario. Sin embargo, lo que cambiaría mi vida no eran aquellas borracheras de madrugada, ni tener siempre dinero en el bolsillo. Tampoco la rubia de gafas redondas que me visitaba.

La verdadera revelación me esperaba bajo la tapa de un Chassaigne Frères, un piano centenario arrimado a una de las paredes de piedra.

35

Nunca olvidaré la primera vez que aquel piano catalán de nombre francés me despertó de mi letargo.

Miguel Padre, que había comprado esa reliquia en un anticuario, contrataba a dos pianistas para atraer público entre semana. Antonio venía los lunes y miércoles; Helena, los martes y jueves.

Él era un *piano man* en toda regla. Además de saberse un millar de temas, era capaz de sacar de oído, al instante, cualquier canción que le pidieran los clientes.

Ella era una estudiante de arquitectura que había ido al conservatorio.

Una tarde que había poca parroquia, Helena se sentó al viejo Chassaigne y empezó a tocar el *Nocturno n.º 2* de Chopin. Aunque ya lo había escuchado alguna vez, oírlo brotar de los dedos de aquella chica rara con gafas de intelectual causó un tsunami dentro de mí.

Sentí que entre las notas levemente desafinadas de la pianista volaba su alma.

Yo había abandonado mis instrumentos de juguete años atrás, del mismo modo que había dejado la escritura, pero de repente me embargó el deseo de tocar yo también aquellas teclas de marfil amarillento.

Desde que había renunciado a crear, me había convertido, eso sí, en un espectador del arte. Iba a exposiciones y compraba libros de pintores contemporáneos, en especial de los tres que para mí plasmaban sueños: Paul Klee, Odilon Redon y Segantini. De este último, me fascinaba *El castigo de las lujuriosas*, donde aparecen unas etéreas mujeres flotando sobre la nieve.

A veces me detenía también en pintores como Piet Mondrian. A simple vista, los cuadros de su madurez se componían sólo de líneas y cuadrados en rojo, azul, amarillo y negro sobre fondo blanco, pero me provocaban una emoción especial, como si el artista hubiera reducido a su esencia una realidad profunda que no puede captarse con la mente cotidiana.

En un artículo sobre el pintor holandés, leí que su obra refleja las tensiones entre lo espiritual (las líneas verticales, de la tierra al cielo) y lo mundano del ser humano (la horizontal, el paso del tiempo). Anoté en un papel una cita que no sé si es del crítico que firmaba el texto o del propio Mondrian:

> Dos líneas: una vertical y una horizontal.
> La vertical es la de la muerte y la de lo que está por nacer,
> y conduce del cielo a la tierra.
> La horizontal es la línea del mundo,
> de la actividad, del intercambio, de la comunicación.
> Donde se encuentre que las dos se cruzan,
> allí está el centro del mundo.

Me pareció una buena descripción de lo que somos: caminamos por la horizontal de la vida aprendiendo lecciones, conociendo unas almas, despidiendo a otras…, pero no dejamos de mirar al cielo, al infinito, porque el ser humano no se conforma con ver pasar el tiempo y la vida. Busca trascendencia y, dado que no es inmortal, aspira a que al menos algunos de sus actos le sobrevivan.

Volviendo a aquella tarde en la taberna, ambas líneas se cruzaban en el centro de mi mundo, que allí y entonces era ese viejo piano que yo anhelaba tocar. Quería elevar mi alma como se elevaba la de la lánguida Helena. Ella era misteriosa y poco habladora, todo lo contrario que el *piano man*, así que le pregunté a él si podría darme clases.

—¿Tienes llaves de este bar? –me preguntó.

—Sí… Todos las tenemos.

—Pues mañana a las once nos encontraremos aquí mismo.

36

La primera mañana que, en lugar de ir a la facultad, abrí la puerta de Les Puces, me sentí como un ladrón que entra con sigilo. Pretendía robar el secreto de la música que me había poseído escuchando a la arquitecta.

Acababa de levantar la tapa del piano cuando Antonio golpeó la persiana metálica.

Antes de llegar a nuestra primera clase, voy a describir brevemente cómo era mi maestro. Aunque contaba sólo veintisiete años, a mí me parecía un gato viejo con una enorme experiencia vital. Calvo, con bigote guardia civil y jersey de cuello alto, era un personaje de otra época.

Había combinado su trabajo de pianista con toda clase de empleos: vendedor a puerta fría de enciclopedias, así como de estampitas de un taller de mutilados, mensajero a pie y en moto… Era un hombre de una gran locuacidad, pero pronto descubrió que lo que le apasionaba de verdad era enseñar.

—Voy a cobrarte quinientas pesetas (unos tres euros) por cada sesión –me informó antes de empezar–. Podría hacerlo gratis, pero quiero que le des valor a la clase.

Con él aprendí a poner las manos sobre el teclado y, de paso, algunos acordes sobre el arte de existir.

Empecé tocando una versión simplificada de la *Gymnopédie n.º 1* de Satie, para luego seguir con el *Changes* de Bowie y otros temas. Cualquier canción que te gustara, Antonio la adaptaba para su alumno, sin importar que fuera principiante o adelantado.

La mecha de la pasión había prendido en mí, así que decidí comprar un piano de segunda mano a plazos para mi claustrofóbico cuarto. Allí compuse *La quimera de Occidente*, una pieza que aún toco.

Volviendo a las clases en la taberna cerrada, en medio de escalas, ejercicios de digitación y adaptaciones del pop, yo a veces interrumpía la clase y le preguntaba:

—Para crear, ¿es mejor estar triste o alegre?

—Los dos extremos son buenos —me contestó en una ocasión—, porque nos despiertan emociones profundas. Si estás triste, bajas a los abismos y tienes acceso a una sensibilidad que normalmente está oculta. Y si estás muy alegre, te conectas de forma muy fuerte con la vida. Eso también aviva la imaginación. Los estados intermedios no favorecen la creatividad.

Más de tres décadas después, he comprobado por mí mismo que eso es así. La normalidad, que a veces toma forma de apatía, nos mantiene en una tierra de nadie, lejos de los sentimientos e inspiraciones más poderosos.

Con oficio se puede crear cualquier cosa, pero como *sherpa* he visto que son obras que carecen del grado de implicación emocional de las cimas y abismos de la felicidad.

Y, entre la alegría y la tristeza, la segunda es más productiva que la primera por razones obvias. El inicio feliz de una relación amorosa, por ejemplo, invita a vivir de puertas afuera, no a encerrarse a llenar libretas, a consagrar horas a la pintura o a componer largas sinfonías.

Quedamos dichosamente atrapados por un tsunami positivo y no hay energía para la introspección.

La tristeza, en cambio, se vive de puertas adentro y alimenta la melancolía o el vacío existencial que ha dado nacimiento a las grandes obras de arte. Y no sólo porque permite al creador vislumbrar profundidades desconocidas de sí mismo. Una realidad insuficiente, a veces incluso frustrante, nos impulsa a compensarla desde la imaginación.

Bienaventurados los tristes, porque de ellos será el reino de la creación.

A mis diecinueve años Antonio no me enseñó solfeo, ni seguimos los mecánicos libros del conservatorio, que parecen diseñados para que aborrezcas la música para siempre.

«¿Qué canción te hace ilusión tocar?». Ésa era la pregunta que hacía a todos sus alumnos. Aunque quizás la parte más importante de la clase eran las charlas sobre la vida que teníamos al lado del viejo Chassaigne.

Un par de años después, perdí la pista de Antonio y durante dos décadas no volví a saber de él. El maestro había cambiado de piso y de teléfono, por lo que todos mis intentos de encontrarle fueron en vano.

Hasta que, ya en el ecuador de mi cuarentena, una tarde al abrir el correo electrónico me encontré con un mensaje suyo titulado «RECUERDOS DEL PASADO».

«¿Es que hay recuerdos del futuro?», me pregunté, emocionado, mientras abría el correo.

Antonio me contaba que la semana anterior, mientras daba clase a una alumna, había visto una novela mía sobre el piano. Él no tenía ni idea de que yo fuera ahora escritor, así que buscó mi correo para retomar el contacto.

«Sólo si vuelves a ser mi profesor», puse como condición para disculparle de tan larga ausencia. Aceptó el trato y volvimos a hacer clase cada semana durante unos años más hasta que se marchó a vivir lejos de Barcelona.

Sigo sin poder tocar Chopin y mi técnica es, más o menos, la misma que hace treinta y tres años. Creo que era Platón quien dijo que deberíamos estudiar al final de la vida y dedicar la juventud a conocer el mundo y su gente. Quizás sea eso lo que me pasó. En aquella época, por las mañanas aprendía a tocar y por las tardes aprendía a vivir.

37

Mientras tanto, las visitas de Rita empezaron a tomar un cariz distinto, y nada favorable para un tontaina enamorado. Aquellas primeras charlas entre semana, con su amiga como silencioso escudero, dieron paso a juergas de fin de semana en grupo.

Les Puces del Barri Gòtic era cada vez más popular, y Rita venía viernes o sábado noche con otros amigos. Entre ellos, había un chico atlético con el que parecía tener buena sintonía. Prueba de ello fue que, tras un par de jarras de sangría, una noche ella se encerró con él en el lavabo.

Yo miraba horrorizado la puerta de madera. No se oía nada al otro lado.

Al cabo de unos minutos, salieron tras haberse intercambiado la ropa. Ella llevaba sus pantalones y su jersey deportivo. Él llevaba puesto el vestido de ella. Su llegada a la mesa fue recibida con carcajadas.

A mí aquello me mató.

Era obvio que se me estaba pasando el arroz, pensé. Tenía que declararme, como había visto en las películas, o aquel bruto la acabaría de conquistar.

Antes de contar cómo acabó esta historia, debo reconocer una deuda de gratitud eterna con Rita. Ella me hizo debutar en la radio, algo que en el futuro sería importante en mi carrera.

En su barrio de la periferia, el centro cultural del distrito había abierto una emisora para jóvenes valores del periodismo. Rita insistió en que yo tuviera un programa semanal, igual que ella. Pese a mi timidez, que iba superando gracias a la vida tabernaria, acepté el reto. Así tendría algo más en común con ella. Llamé mi programa *El Pasajero* y lo abría con la canción homónima de Iggy Pop, en la versión de Siouxsie & the Banshees.

> I am a passenger
> And I ride, and I ride…[1]

Después de eso, comentaba libros o películas, como había hecho en aquel fanzine cinco años antes, y también hacía entrevistas en directo. La antena de Torre Llobeta, como se llamaba el edificio, radiaba para un barrio con ciento ochenta mil habitantes.

La primera tarde que emitiría en directo, Rita se acercó unos minutos antes para ver cómo tenía el cuerpo.

—La verdad es que estoy nervioso –reconocí.

—Pues no lo estés –repuso sonriente–. No nos escucha nadie.

Y probablemente era verdad.

---

1. Soy un pasajero / Y viajo, viajo…

38

Al fin, llegó el fatídico momento de tirarse a la piscina. Jamás había hecho algo parecido, de modo que estaba como un flan. Al salir de clase de historia, bajé con Rita la rampa que conectaba la facultad de Periodismo con el resto del campus.

Fue entonces, mientras caminábamos entre hordas de estudiantes, cuando le confesé de forma atropellada que me gustaba y que la quería.

Sin dejar de andar, se le tensó el cuello y el rostro mientras decía:
—Me siento halagada… Me siento muy halagada.

Y ése fue nuestro final como pareja que nunca existió. Ella dejó de venir a la taberna. Yo dejé de ir definitivamente a la facultad de Periodismo porque me resultaba doloroso verla.

Necesitaba aprender que, si tienes que declararte a alguien, es que la respuesta es «No». Aunque se disfrace de silencio o de fórmulas de cortesía. El amor entre dos personas surge de forma natural, no hay nada que declarar. Pero yo era duro de mollera y, un curso después, durante un intercambio estudiantil en el sur de Alemania, decidí que mi mensaje tenía que ser más extenso y explicativo. Le escribiría una carta.

Grave error.

Empecé contándole lo que yo hacía allí, después de haberme matriculado en la carrera de Anglogermánicas. Le describía Bayreuth, donde había sido acogido por un estudiante de Deporte y Economía, los músicos en la calle, el bosque donde estaban enterrados Wagner y Cosima, su esposa. En mi carta había frases tan cursis como: «Ojalá estuvieras aquí para verlo».

También le explicaba cómo y por qué me había enamorado de ella.

Fueron tres o cuatro hojas al menos, escritas con estilográfica en finos papeles que viajarían dentro de su sobre hasta su domicilio de Barcelona. La respuesta de ella me llegó estando aún en Bayreuth. En una escueta postal, Rita me decía que ella jamás me había dado signos de estar interesada por mí y me recomendaba que visitara a un psicólogo.

Una contestación innecesariamente dura para zanjar el asunto, y que confirmaba lo que yo había empezado a aprender en esa maldita rampa. El amor no se comunica, se hace. Y si no se ha hecho ya, has puesto la llave en la cerradura equivocada. Si tienes que proclamar tu amor por carta, ya has perdido.

Quizás yo necesitara un psicólogo para otras cosas, pero no para entender esto.

Sin embargo, la amargura que sentí no se prolongó demasiado en el tiempo. Lo cierto era que yo tenía ya una amante que, tras nuestro romance inicial en París, me correspondía con creces a cualquier esfuerzo que yo invirtiera en ella. La locura viajera se había apoderado de mí.

39

Dado que el ocio y las borracheras tenían lugar donde trabajaba, aparte de comprar tabaco me gastaba todo mi sueldo de camarero en viajar.

Con Antonio, JR y un par de amigos más alquilamos un coche para ir a Hungría, muy poco después de la caída del muro. Una vez en Budapest, dormimos encajados como sardinas en el SEAT Ibiza mientras nevaba afuera.

Luego nos desplazamos a Győr, donde unos estudiantes salvadoreños –habían llegado por un programa socialista– nos cedieron su habitación a cambio de que les pagáramos todo el alcohol durante nuestra estancia.

No teníamos dinero para hoteles, así que más que viajar aquello era un constante vagabundear de aquí para allá, buscando siempre algún lugar donde caer muertos.

Otro destino que no tardó en llegar fue Ámsterdam, un clásico entre los jóvenes de la época. Yo tenía ya veinte años y haría la odisea en autobús con JR y mi primo Eloi esta vez. En las casi veinticuatro horas de ruta, había una chica de Malgrat de Mar que se sentaba justo delante. De ella sólo recuerdo que tenía un culo enorme enfundado en unos pantalones de pana granate.

Yo y JR hablábamos de las chicas que no habíamos podido conseguir, cuando esta viajera, que sería dos o tres años mayor que nosotros, se giró de repente. Apoyando la barbilla sobre el reposacabezas, se metió en nuestra conversación:

—Chicos, ¿os puedo dar un consejo?

Los dos asentimos, cohibidos.

—Para gustar a las chicas no necesitáis ser guapos, llevar ropa de marca o ser los mejores de la clase.

—¿Ah, no? –le pregunté para seguirle la corriente–. ¿Qué necesitamos, pues?

—Hacerlas reír. Con eso basta. Si sois simpáticos y se ríen con vosotros, tendréis mucho ganado.

No tardaría en comprobar la veracidad de esa teoría, pero lleguemos ya a Ámsterdam. Allí nos esperaba el albergue más espartano de la ciudad, *Adam en Eva*, situado en la calle Sarphatistraat.

No tendría sentido narrar un viaje que han hecho la mitad –o más– de los estudiantes europeos, si no fuera por algo que sucedió el 31 de diciembre en aquel albergue roñoso. Allí tendría lugar un encuentro fortuito que, como cuento en *Cafè Balcànic*, del cual tomaré algunos extractos, marcaría mi geografía personal los siguientes diez años.

Tras las visitas de rigor a *coffee shops* y paseos en bicicleta por los canales entre casas de colores, tomamos tres cervezas en el Bulldog de Leidseplein.

Agotado el presupuesto, la última de la noche sería en el bar del Adam en Eva, que estaba en la bodega del albergue.

Allí nos esperaba, de madrugada, una escena insólita.

La barra estaba cerrada y las luces a medio apagar. En la única mesa habitada había un chico de aspecto nórdico que lloraba a lágrima viva, mientras dos chicas morenas trataban de consolarlo. Luego supimos que eran griegas.

Una de ellas se llamaba Samina y se acercó a nosotros con sigilo para ponernos al corriente de la situación:

—Su novio lo acaba de abandonar. Está destrozado.

—Qué mal momento para dejar a alguien, ¿no? –comenté–. Podría haber esperado a mañana.

—Desde luego... Supongo que su ex quería hacer limpieza para empezar el año con buen pie.

Tratando de animar aquel funeral, fui a por una botella de vino que había cargado en la mochila para emergencias. Cuando regresé a la bodega, Eloi y JR ya habían saltado detrás de la barra vacía para conseguir cinco vasos y un sacacorchos.

Nuestra particular fiesta de Fin de Año podía empezar.

El llorica resultó ser un holandés de provincias. Contestaba a nuestras preguntas con monosílabos; luego hundía la cabeza y volvían los llantos y lamentaciones –en neerlandés, por cierto–. Entonces las chicas lo acariciaban como si fuese un niño pequeño y volvíamos al punto de partida.

—Me gusta mucho tu país –le comenté, por decir algo—. Encuentro que la gente es muy tolerante.

El holandés pareció recuperar el aliento. Me miró muy fijamente antes de decirme:

—No es tolerancia: es indiferencia.

Al regresar a Barcelona, el trabajo en el bar y mi nueva vida en la facultad de Anglogermánicas, que explicaré en breve, me absorbieron enseguida. Eso hizo que, tras sacar la ropa sucia, el resto del equipaje siguiese durmiendo en la mochila durante varias semanas.

A principios de febrero me decidí, finalmente, a vaciar la mochila en el suelo de mi habitación. No había tanta cosa: una guía de viaje, casetes, un mapa, cuatro o cinco florines, y una servilleta del Adam en Eva.

La cogí con curiosidad. Detrás había escrito algo con un trazo irregular de bolígrafo:

Samina Papaioannou, Aristeou xx-xx
11743 Neos Kosmos —ATHENS

Aquello me hizo pensar en un compañero de la universidad con el que había empezado a viajar. Después de algún encuentro casual en un tren o en un albergue, en el momento de intercambiar direcciones siempre decía:

—Sí, dámela: yo las colecciono.

Se refería a este fenómeno curioso que se produce después de un viaje. Cuando te encuentras, al deshacer la mochila, con papeles donde hay nombres apuntados que no te suenan de nada. «¿Quién es este tío?», te preguntas, y acto seguido haces con la dirección una canasta de tres puntos a la papelera.

Con la de Samina no sucedió lo mismo. Y no porque fuese una chica más o menos agraciada. Se me había quedado grabada la escena con el chico abandonado y tan bien atendido por aquellas dos atenienses.

Esa misma tarde compré una postal en las Ramblas y le escribí unas líneas en la barra de un café. Tras echarla al buzón, me olvidé por completo del asunto. La respuesta a aquel saludo entre viajeros me llevaría más lejos de lo que podía imaginar; pero antes de eso, necesito volver a hablar de Eloi.

40

Mientras yo daba vueltas por Europa sin parar, mi referente en la infancia y adolescencia se estaba hundiendo. Como un edificio majestuoso aquejado de un extraño mal que corroe sus pilares, nadie se dio cuenta de lo que estaba ocurriendo hasta que empezó a derrumbarse.

Sucedió después de que Eloi dejara a su segunda novia. Hasta entonces su vida había circulado por los raíles del éxito social. Estudiaba realización en RTVE, era popular entre los amigos y había tenido siempre pareja. Su ebullición creativa había bajado un poco, pero seguía siendo brillante. En este punto, sin embargo, algo se quebró en su interior y su alma descarriló.

Él había supuesto que sería fácil iniciar una tercera relación pero, de repente, era como si un sortilegio le hubiera robado la magia. Las chicas a las que se aproximaba no se dejaban seducir, tal vez porque sus métodos eran cada vez más insólitos y expeditivos.

En el metro, por ejemplo, había lanzado un avión de papel a una chica sentada en el banco de delante. Dentro había escrito el mensaje: «Pareces interesante». Tras leerlo, ella lo dejó caer al suelo sin inmutarse.

Sin embargo, estos intentos fallidos de seducir eran sólo un síntoma de algo mucho más profundo. Buscar amor desesperadamente encierra la necesidad de validar tu presencia en el mundo. Si eres importante para alguien, tu vida adquiere ya cierto sentido. Y eso era justamente lo que había perdido Eloi.

El mundo protegido y fértil de su infancia se había desgarrado en el choque con una realidad en la que no encajaba. Se sentía profundamente solo en la aventura de existir. Una vez, me lanzó una confesión que jamás he olvidado:

—¿Sabes? Tengo la impresión de que, al llegar al mundo, me dieron un traje que me viene grande.

Su crisis existencial iba a más y empezaba a provocar tsunamis en su estado de ánimo. Para remediarlo, Eloi trató de contactar con sus antiguas novias para tener «un punto de referencia», según les explicaba; es decir, saber el momento en el que se había perdido. Pero aún estaban dolidas y ninguna de ellas quiso quedar con él.

Mientras tanto, tenía cada vez ideas más extravagantes. Podía telefonearte a las doce de la noche para salir a hacer grafitis por toda la ciudad, sólo porque al día siguiente se publicaba el disco de una banda que le gustaba. O bien robar en unas obras de la Villa Olímpica un enorme cilindro de acero con el que haría un faro.

En medio de estas chifladuras, Eloi no lograba dormir y tenía cada vez peor aspecto. Sus padres lograron convencerle para acudir a un psiquiatra, que diagnosticó que padecía «la enfermedad del espejo».

Las personas aquejadas de este mal no se reconocen al mirarse en una superficie reflectante. Lo que ven no se corresponde con la imagen idealizada que tienen de ellas mismas. Es como si contemplaras a un extraño, lo cual debe de ser una experiencia monstruosa.

Por este motivo, cada vez que íbamos con Eloi a un bar, si tenía espejos procurábamos sentarnos de modo que él quedara siempre de espaldas.

Su vida se iba vaciando de sentido como una cuba que pierde líquido por una grieta hasta quedarse seca. Y lo peor de todo es que yo no sabía cómo ayudarle. Por más que charlábamos y le acompañaba en sus extrañas iniciativas, nada parecía consolarle.

Hasta que una noche lo intentó. Se coló en el único edificio alto del barrio de Gràcia, un bloque de apartamentos de la calle Escorial. Subió hasta el último piso y, cuando ya abría el ventanal para saltar, un vecino que le había visto lo tomó por el brazo y le convenció de que no lo hiciera. Luego llamó a su familia.

La situación pintaba cada vez peor, así que cuando Samina, la griega que habíamos conocido en Ámsterdam, respondió a mi postal creí ver una vía de salvación. Me decía que se acordaba mucho de nosotros tres y que nos invitaba a visitarlas. Sin esperar más, convoqué una reunión con JR y Eloi.

—¿Y si vamos a pasar el Fin de Año a Grecia con ellas?

En esa época, el precio de los pasajes aéreos era prohibitivo. No se habían implantado aún las *low cost*, así que propuse que fuéramos en tren. Un Interrail costaba la mitad que un vuelo a Atenas.

—¿En tren a Grecia? –dijo Eloi después de estudiar un mapa–. Está demasiado lejos. Hay que bajar toda Italia y coger el ferry que conecta Brindisi con Patras. Dos días y medio de viaje tirando a lo bajo. Quizás tres.

—No hará falta dar tanta vuelta –apunté–. Podemos tomar un atajo por Yugoslavia.

Aquel país cercano pero misterioso estaba en mi imaginario desde que había leído un cómic de la serie negra de Metal Hurlant. *El avispero* de Daniel Ceppi cuenta la historia de un joven que comete un atraco en una joyería, pero es traicionado por sus amigos y debe huir de la ciudad.

Perseguido por la policía, se esconde de noche en la estación de trenes y se cuela dentro de un vagón de mercancías, esperando que lo lleve fuera del país para empezar una nueva vida: quizás a Alemania o a Suiza. Pero entonces un empleado ferroviario cierra las compuertas y cuelga el cartel con el destino del convoy: «ZAGREB». Experimenté en ese punto un escalofrío, como si el fugitivo fuese a meterse en la boca del lobo. Yo también quería pasar por Zagreb y atravesar de noche la Yugoslavia socialista.

Una semana antes de la salida, Eloi nos confesó que no se veía con ánimos de hacer un trayecto tan largo en tren. Él tomaría el avión y nos reuniríamos el 29 de diciembre en Atenas. JR y yo saldríamos tres días antes, justo después de Navidad.

Desde un punto de vista racional, mi primo acertó de pleno, porque aquel viaje acabaría siendo un infierno.

41

Aún no habíamos entrado en la era de Internet, así que escribí una carta a Samina confirmando nuestra fecha de salida, porque la de llegada era incierta. Habíamos calculado que en un día y medio nos plantaríamos en la capital griega, pero era sólo una estimación basada en el kilometraje en línea recta. De hecho, los horarios de trenes morían en la frontera de Italia.

Al cabo de cinco días lo podríamos descubrir por nosotros mismos, pero entonces sucedió el accidente.

Visto ahora, no parece muy buena idea ir a una pista de patinaje cuando uno tiene por delante un largo trayecto en tren. Especialmente, si uno de los patinadores pisa el hielo por primera vez en su vida. Pero así fue.

Supongo que estábamos impacientes por dejar Barcelona y decidimos «matar» la tarde —nunca mejor dicho— en la pista del Skating. Nos calzamos las acartonadas botas de alquiler y, después de luchar con los cordones, nos dirigimos hacia la pista caminando como pingüinos.

Yo solía ir allí de pequeño con mi hermana, así que no tuve problema en evolucionar por la superficie helada, a ritmo de los grandes éxitos musicales del momento. El bautismo de hielo de JR consistió en agarrarse continuamente a la barandilla de madera, desde donde no parecía arrancar nunca.

A la tercera vuelta lo busqué para enseñarle los rudimentos de la estabilidad, pero había desaparecido de la pista. Imaginé que habría desistido y optado por ir al bar, donde debía de estar tomando un coñac para calentarse.

Cuando me cansé de deslizarme entre parejitas cogidas de la mano, yo también me dirigí hacia el bar. Pero JR no estaba allí, como yo había supuesto. Devolví las botas para poder caminar con normalidad por las instalaciones. Nada, se lo había tragado la tierra.

No podía ser que se hubiese ido a casa sin decírmelo, así que me senté en la tribuna de la pista a esperar que apareciese.

Tres cuartos de hora más tarde se desveló el misterio: vi cómo dos empleados del Skating arrastraban a mi amigo con la pierna escayolada. Se la había partido en dos.

El accidente puso en duda que JR pudiese realizar un viaje de aquellas características. Pero él estaba tan ilusionado como yo y había decidido ir de todos modos. El médico decía que tenía que hacer reposo absoluto como mínimo tres días hasta que se estabilizase la fractura, y tres días era justo el tiempo que teníamos.

Quedaban pendientes unos cuantos aspectos prácticos: cómo subiría a los trenes, quién llevaría su mochila –yo, por supuesto–, cómo se las apañaría para caminar por las tortuosas calles de Atenas. Entonces mi primo, que no conocería las penalidades del trayecto, tuvo una idea brillante:

—Alquilemos una silla de ruedas –dijo.

Y eso hicimos. El alquiler costó unas diez mil pesetas de la época, y llevamos a cabo unas cuantas prácticas –con JR a cuestas– por las calles de Barcelona decoradas con motivos navideños. Enseguida comprobamos que aquello era más un problema añadido que una solución. La silla era un modelo antiguo nada maniobrable y, cuando el accidentado no estaba encima de ella, seguía pesando como un muerto.

Era impensable subir aquello a un tren junto con dos mochilas. Por tanto, la devolvimos. Nos conformaríamos con unas muletas.

42

El tren Delta dirección Cerbère estaba a rebosar y se detenía en todas las estaciones, donde cada vez subía más gente. Cuando al cabo de media eternidad abrió puertas en el primer pueblo de Francia, el rebaño bajó a pasar el control de la Guardia Civil.

En el andén donde esperábamos el tren dirección a Italia, la confianza de JR flaqueó por primera –y última– vez. Como una réplica de Moisés, dudando de Dios bastón en mano, dijo:

—Me parece que vuelvo a Barcelona. Esto es una locura.

—Ahora no te puedes echar atrás. Además, perderás el dinero del Interrail.

—Me da igual. No creo que lo logremos. Mira lo que me ha costado subir y bajar de este primer tren. Estoy hecho polvo.

—Ahora vienen trayectos más largos. Podrás descansar. Cuando lleguemos a Grecia agradecerás haber sido tan valiente.

El expreso hacia Milán hizo acto de presencia en el momento oportuno. Era difícil resistirse a la tentación de subir.

—Qué cojones –dijo–. ¡Vamos!

La travesía por el sur de Francia y después hacia Milán fue bastante plácida. Encontramos dos asientos y, cuando nuestro equipaje ya estaba arriba, nos pudimos relajar cada uno a su manera. JR se durmió enseguida con la cabeza pegada a la ventana; yo miraba el paisaje que huía a nuestro paso, mientras la noche iba cayendo sobre el tren.

Como me había sucedido otras veces, cuanto más lejos estaba, más libre me sentía. Yo sólo era un mal estudiante que aspiraba a dejar un día Barcelona para siempre. Quería correr por el mundo libremente, detenerme en pueblos y ciudades donde nadie me conociese, navegar de un país al otro según cambiara el viento.

Ya de madrugada, tuvimos que saltar de aquel confortable expreso a un tren más precario que nos llevaría a Venecia, desde donde conectaríamos con el regional que moría en la ciudad fronteriza de Trieste. Y de allá a Belgrado.

Cada cambio de tren suponía un esfuerzo descomunal, ya que yo tenía que cargar con las dos mochilas –que no eran precisamente ligeras– y mi amigo avanzaba al paso que podía, sirviéndose de las muletas, entre el enjambre de viajeros que corrían hacia los andenes.

Finalmente, la noche volvió a cerrarse sobre el convoy, que reducía su paso a medida que se acercaba al telón de acero. Pasado el puerto de Monfalcone, el tren se detuvo en Villa Opicina, última estación en territorio italiano. Como todas las ciudades fronterizas, se veía un lugar pobre y abandonado, pero lo que nos esperaba al otro lado era todavía más sórdido.

Una vez cruzada la aduana, el tren con dirección a Belgrado se detuvo en un cruce de vías, ya en territorio yugoslavo. Dos farolas amarillentas y una caseta vacía. Unos metros más adelante, un cartel oxidado con el nombre de la estación: Sežana. Nuestro compartimento estaba completamente a oscuras. Salvo nosotros, no parecía haber nadie más en aquel vagón.

Diez minutos más tarde oímos cómo se abrían las puertas. Pasos marciales recorrieron el pasillo. Al llegar a nuestro compartimento, un policía alto y gordo descorrió las cortinas y nos deslumbró con su linterna.

—*Passport.*

Llevaba un uniforme negro con la hoz y el martillo bien visibles en la gorra. Después de echar un vistazo a los pasaportes y de sellarlos, nos miró con desconfiada curiosidad y preguntó:

—*Španski?*

—*Da, da* –contesté yo. «Sí» era la única palabra que por aquel entonces conocía en serbocroata.

El oficial adoptó un aire serio antes de empezar a gritar nombres de jugadores de la liga española.

A partir de aquí, la travesía nocturna de Yugoslavia se convirtió en una pesadilla. No sabíamos que el país tenía una particular normativa laboral, que garantizaba a los trabajadores no tener que salir de su federación. Por lo tanto, cada vez que un tren llegaba al límite de una de las seis repúblicas —hoy estados independientes—, se producía un cambio de locomotora y de conductor.

El asunto era más complicado aún de lo que parecía, ya que además de la locomotora siempre se desacoplaba algún que otro vagón, entre ellos el nuestro.

Eso implicaba bajar deprisa y correr por un andén a diez bajo cero, JR con las muletas y yo con las dos jorobas gigantes que me habían salido en la espalda. Cuando encontrábamos el vagón correcto, tocaba escalar el altísimo escalón de hierro y buscar un nuevo compartimento donde recogernos.

Teniendo en cuenta que para llegar a Grecia hacía falta cruzar casi todas las repúblicas yugoslavas, pasábamos más tiempo detenidos —subiendo y bajando de trenes— que no en ruta.

A medida que nos adentrábamos en el país, además, la temperatura caía en picado, convirtiendo los vagones en verdaderas cámaras frigoríficas. A la calefacción inexistente se añadía el inconveniente de que las ventanas no ajustaban. Este problema se agravó en el convoy con el que teníamos que atravesar Serbia.

Era una hora intempestiva de la madrugada cuando nos acomodamos en un compartimento bajo cero con un matrimonio de edad avanzada. Ella llevaba un pañuelo en la cabeza; él, un gorro de pana. Al ventanal le faltaba un dedo para cerrar. Después de unos cuantos intentos frustrados, tuvimos que aceptar que el viento helado hiciese temblar el cristal, las cortinas y también a los cuatro pasajeros.

La pareja nos hizo saber —en la misteriosa lengua franca de los que no tienen un idioma común— que eran de Serbia y se llamaban Petrovič. No entendimos mucho más. En un momento de la noche la mujer dijo «*Krio, krio*» y supusimos que decía que hacía frío.

Entonces recordé que entre los últimos bocadillos llevábamos una botella de coñac. Era un regalo para Samina, nuestra anfitriona griega, pero la situación exigía una socialización inmediata. Al señor Petrovič se le iluminaron los ojos cuando vio salir de la mochila el Torres 5. Su mujer acogió la buena nueva con una sonrisa y murmuró algo en serbio.

A falta de otra cosa, el coñac se destapó como un calentador de primera, y antes de una hora habíamos vaciado la botella. Íbamos lo bastante bebidos para olvidar momentáneamente el frío, así que decidimos tratar de dormir. El hombre, que tenía una pequeña manta de lana, nos dio a entender que nos acercásemos a él, que nos taparía. La mujer tenía la suya propia.

Esa noche acabamos roncando cada uno a un lado del señor Petrovič, como un monstruo de tres cabezas con cuerpo de manta.

43

Nunca olvidaré lo primero que vi al abrir los ojos. La luz grisácea de la mañana entraba por la ventana, que tenía moscas congeladas en el cristal. Un artista de vanguardia no lo habría hecho mejor. Los insectos estaban repartidos por el hielo como una constelación, dramáticos testimonios de una noche de inspiración siberiana.

Hacia el mediodía, el tren se detuvo en la capital de Yugoslavia. Preparados para la nueva carrera, saltamos con diligencia, ya que pronto llegaría el tren que nos tenía que llevar finalmente a Atenas.

La plataforma y las vías estaban cubiertas por un palmo de nieve. Desde allí se vislumbraban dos edificios negros de gran altura, al más puro estilo socialista.

Mientras esperábamos la llegada de uno de los pocos trenes internacionales que cruzaban el país, recordé las palabras de Roberto, mi fugaz compañero de banda que había pasado por aquella misma estación el verano anterior:

—Llegué a Belgrado de madrugada y sólo había cuervos, miles de cuervos. Excepto ellos, ni un alma. Parecía que fuesen los dueños de la ciudad.

A partir de aquí el viaje se eternizó. El tren fue bajando por la Serbia profunda hasta llegar a Kosovo. En la estación de Pristina, el tren fue invadido por cientos de soldados, que corrían para conquistar un lugar donde sentarse durante el trayecto. Yo hacía rato que iba de pie, y JR perdió su asiento después de una visita al lavabo.

Nos dispusimos a resistir estoicamente las horas que faltaban, apoyados contra un palmo de pared libre. Pero, de repente, se abrió la puerta del vagón y un oficial lleno de estrellas —y con cara de pocos amigos– pasó revista a la tropa. Al ver que había un lisiado de pie mientras los soldados estaban cómodamente sentados, el oficial les soltó una buena reprimenda.

Uno de ellos se levantó y, de mala gana, le cedió su asiento a mi amigo para que pudiese estirar la pierna escayolada.

—*Hvala* –dijo JR al sentarse, aunque las gracias se las debía al oficial, que parecía sacado de una película de la Guerra Fría.

El último tramo del viaje transcurría por la Macedonia yugoslava, donde la nieve ya se había fundido. La tarde caía sobre el convoy y dudábamos de que llegásemos a Grecia aquella misma noche.

Al salir de la república socialista, sin embargo, el tren espabiló bastante. En las estaciones por las que pasábamos había mucho más movimiento: vendedores de periódicos, pastas, casetes, *kava* –es decir, café–, pero lo que más llamaba la atención era la luz. Después de pasar por centenares de andenes –y ciudades– prácticamente a oscuras, la vieja Grecia era un estallido de vatios.

Toda Atenas debía de estar durmiendo cuando el agotado convoy entró, entre chirridos, en la minúscula estación de Larissa, más pequeña que algunas estaciones de metro de Barcelona.

Habíamos llegado.

44

Samina y sus amigos confirmaron la mítica hospitalidad griega. En la *Odisea* y la *Ilíada*, cada vez que llega un forastero, antes de que pueda decir quién es y qué es lo que le trae hasta allí, el cabecilla del lugar lo obliga primero a sentarse a la mesa, comer y beber. Cuando ya se ha recompuesto, los criados le lavan los pies y untan su cuerpo con aceites antes de adornarlo con las mejores vestimentas. Una vez bebido, comido, limpio y vestido, ya puede explicar su historia a los curiosos que se han congregado.

El espíritu del pueblo helénico no ha cambiado tanto desde los tiempos de Homero. A pesar de ser dos desconocidos que no hablaban el idioma, pasamos los últimos días de Navidad rodeados de locales muy atentos a nuestros deseos.

Tras recoger a Eloi en el aeropuerto, aquel trío viajero que jamás se repetiría bailó en locales de buzuki, comió en casa de todos y vio la insólita estampa de Atenas bajo la nieve.

Como una broma del destino, tras haber recorrido miles de kilómetros, JR se quedó a cien metros escasos del Partenón. La fuerte pendiente y las placas de hielo hicieron que, finalmente, desistiese de la visita. Se tendría que conformar con una perspectiva más lejana. Justo aquel día olvidé mi cámara en la habitación, cosa que lamenté.

—Abre y cierra los ojos –me propuso Eloi.

Soy consciente de que me estoy extendiendo mucho en la narración de este viaje –cinco capítulos en total–, pero tengo varias razones para ello.

La primera es que fue mi iniciación al este de Europa, que se convertiría en mi parte del mundo favorita en los diez años siguientes.

La segunda, que aquella sería la última aventura con Eloi, lo cual dota a la memoria de aquel viaje de un halo crepuscular.

La tercera es de orden práctico. En 2004, mucho más cercano a los hechos que ahora, narré todos mis viajes por esta parte de Europa en *Cafè Balcànic*. Algunos, como este primero, con gran detalle. Dado que nunca se llegó a publicar en castellano, no he podido evitar rescatar una parte de mi relato para recuperar la historia, como haré cuando regresemos al Este.

Pero ahora detengámonos en un instante que, para mí, recoge la esencia de aquella aventura, que ocultaba una despedida que nadie quería asumir. En el libro la plasmaba como sigue.

La memoria es limitada y va olvidando imágenes a medida que entran otras nuevas. Un viaje muy intenso acaba reducido, al cabo de pocos meses, a unas cuantas escenas que lo ilustran. Años después, el archivo se reduce todavía más, y tendremos suerte si quedan un par de fotografías para el recuerdo, una frase, una sensación indefinible.

Yo relaciono aquel primer viaje a Grecia con un retrato —el último— que le hice a Eloi en el monte Lykavittos. Desde aquella atalaya, mi primo clava los ojos en el horizonte, más allá de los bloques caóticos de Atenas, de los barcos del Pireo, del gran azul y de la vida misma. Es una mirada tranquila pero osada, que me hace pensar en los héroes de la antigua Hélade cuando se embarcaban hacia mares donde les aguardaban mil peligros. Creo que, en aquel momento, Eloi ya había decidido emprender el largo viaje sin retorno.

45

Antes de llegar al desastre, no puedo dejar de lado la peripecia que vivimos en el viaje de regreso.

Nuestros dracmas se habían agotado un día antes de salir de Grecia. Teníamos un largo trayecto de vuelta por delante y una incógnita: qué comeríamos hasta llegar a Barcelona. Al darse cuenta de la situación, Samina nos entregó una bolsa llena de galletas y dulces, además de dos botellas de agua.

Tras despedirnos llenos de gratitud, el convoy empezó a rodar sobre los raíles. En algún lugar del cielo gris, Eloi atravesaba ya las nubes camino de casa. Nuestro retorno se prolongaría bastante más.

Dicen que de uno casi no recuerda nada de los regresos, pero éste sería imposible olvidarlo. Nuestro singular drama empezó al despertar a la mañana siguiente de haber partido, mientras el convoy tintineaba camino de Belgrado.

—¿Dónde está la bolsa de la comida? –preguntó JR.

Miré encima de mi cabeza. Donde antes había una bolsa llena de chucherías y un agua, ahora no había nada. Me tuve que rendir ante la evidencia:

—Nos la han robado.

Nuestras mochilas, en cambio, seguían en su sitio. El ladrón no se había equivocado: era mejor la bolsa de comida que dos sacos de calzoncillos sucios y calcetines agujereados.

Lo único que se había salvado era la botella de litro y medio de agua que tenía bajo mis piernas. El estómago me lanzó un quejido muy claro. Por desgracia, el siguiente bocado nos esperaba unos dos mil quinientos kilómetros más allá. No era ésa la distancia que nos separaba de Barcelona, pero el destino ya había decidido hacernos llegar por el camino más largo.

A no ser que estés acostumbrado a los ayunos radicales, tras veinticuatro horas sin comer, el hambre se convierte en un gusano que te roe el estómago y la moral.

Durante toda la travesía por el norte de Italia, no hacíamos otra cosa que hablar de platos exquisitos que habíamos probado aquí y allá. Aparte de eso, sólo queríamos llegar a casa cuanto antes. Pero con el estómago vacío no se piensa bien y, al cambiar de tren en Venecia, subimos por error al expreso a Turín, ciudad sin ninguna conexión ferroviaria con Barcelona.

Al comprender nuestro error, tomamos el siguiente tren dirección a Milán, que es donde tendríamos que haber ido desde el principio. Pero ya era tarde cuando caímos en la cuenta y, lo peor de todo: habíamos perdido el tren del sur de Francia, que no saldría hasta veinte horas más tarde.

Desesperados y muertos de hambre, acudimos al puesto de información para saber si había otra combinación que nos pudiese llevar a casa.

—Vía Chambéry –dijo el empleado–. Tenéis que coger el tren nocturno dirección París y bajar en la estación de Chambéry. Llega hacia las tres de la madrugada. Allá podréis conectar con el tren que va a Cerbère.

Aliviados con aquella nueva solución, nos sentamos en la sala de espera. Faltaban cuatro horas para que llegase el tren, y nuestras barrigas gruñían como fieras hambrientas.

Cuando llegó el momento de cruzar la estación hasta nuestro andén, sentí que desfallecía. Después de dos días sin comer y con las dos mochilas en mi espalda, todo me daba vueltas. Por un momento pensé que iba a desmayarme. Pasado el mareo, conseguimos llegar al convoy, donde caímos muertos en el primer compartimento vacío.

La debilidad hizo que durmiésemos como dos troncos. De hecho, podríamos haber dormido unas cuantas horas más, de no ser porque el tren había llegado al final del recorrido: París-Austerlitz. Cuando abrimos los ojos no nos lo podíamos creer.

—¿Qué cojones hacemos en París? –exclamé.

Pero la realidad era que, cautivos del sueño por extenuación, habíamos dejado detrás Chambéry y ahora nos encontrábamos nuevamente a más de mil kilómetros de casa. Aquello era desesperante.

Corrimos hacia el puesto de información para saber cuál era el próximo tren hacia Cerbère: había uno que salía de París Norte dos horas más tarde, pero como no teníamos dinero para el metro, tendríamos que esperar al tren de París-Lyon de la tarde, el cual salía de aquella misma estación.

Nos rendimos ante aquella fatalidad y nos sentamos en el suelo a esperar las ocho horas que faltaban para el siguiente tren.

—Ya no sé qué más puede pasar –dijo JR, blanco como un muerto.

Entonces vimos cómo un mendigo cogía nuestra botella de agua, al lado de las mochilas, y se la llevaba a paso cojo.

—¡Es nuestra botella! –gritó JR.

Aquel envase de plástico, que habíamos llenado en un lavabo tras otro, era lo único que nos quedaba. Y ahora volaba ante nuestros ojos.

—Deja que se lo lleve –dije–. No tengo fuerzas para perseguirlo.

Con pesadez en la cabeza de pura desnutrición, subimos al tren a Lyon. Una vez allí nos esperamos cinco horitas más, hasta que llegó el convoy que nos llevaría a Portbou. Recuerdo aquel último trayecto como una nube en el espacio-tiempo, y no me extrañaría que incluso hubiésemos delirado.

Al subir más muertos que vivos al regional hacia Barcelona, calculamos que llevábamos tres días y medio sin comer absolutamente nada. Una larga vuelta y un largo ayuno, que se rompería –aunque de manera simbólica– en aquel mismo vagón.

Delante de nosotros estaba sentado un viajero de piel negra, probablemente francés, que abrió una caja de bombones cuando el tren arrancaba. Al ver nuestros ojos como platos, el buen hombre nos ofreció uno a cada uno. Aceptamos casi llorando de emoción, y la explosión del chocolate con licor en el paladar fue como haber tomado un tripi de LSD.

Nos habría encantado repetir la experiencia, pero nuestro compañero de compartimento guardó la caja en la bolsa. Después de tres días y medio, había que reconocer que era una comida bastante frugal.

Como tampoco teníamos una sola peseta, nuestro plan era tomar un taxi al llegar a Barcelona. Ya lo pagarían los de casa mientras asaltábamos la nevera. Pero el azar se había ensañado con nosotros y, al salir de la estación de Plaza Cataluña, supimos que aquel día había huelga de taxis.

Cargados de resignación, caminamos hasta casa de un tío mío que vivía en el centro. Éste nos dio una tarjeta de metro y nos despachó.

Recuerdo que, al llegar a casa, intenté comerme una pizza. Pero el estómago se me había encogido y sólo pude con una mitad. Luego me metí en la cama, donde dormí veinticuatro horas de un tirón.

46

Enlazo aquel sueño, en el que se entremezclaban cientos de emociones vividas, con otro igual de largo, pero mucho más amargo. Un sueño del que habría deseado no despertar nunca.

Tras recibir la noticia de que Eloi se había suicidado, sus amigos nos reunimos en un bar a beber hasta el amanecer. Una vez en casa, no abrí los ojos hasta la tarde siguiente. Como cuando era pequeño y sufría pesadillas, mi madre estaba al lado, velando mi sueño al borde de la cama.

—Lo ha hecho porque ése era su deseo –me dijo con una serenidad que jamás olvidaré–. No puedes sentirte culpable.

Creo que ese sentimiento es inevitable cuando alguien muy querido se quita la vida. Enseguida pensamos que podríamos haber hecho más, cuidado más, vigilado más.

Aunque sabía que en el fondo mi madre tenía razón –¿quién era yo para retener a alguien contra su voluntad?–, en mi caso había un agravante que me persiguió durante años.

El acto fatal tuvo lugar a primera hora de una tarde. Yo salí de casa media hora antes de lo habitual para tomar un café con JR y luego ir al trabajo. Y fue justo en ese tiempo que, según me informó mi madre, Eloi telefoneó preguntando por mí. Minutos después acabaría con su vida.

¿Qué habría pasado si, en lugar de salir media hora antes, hubiera estado en casa para coger el teléfono? Tal vez habríamos charlado, o incluso me habría escapado para encontrarle. Quizás podría haberle convencido de que no lo hiciera.

Dado que esa conversación nunca se produjo, jamás sabré qué habría sucedido.

Meses después, su hermana me dijo que el mismo mediodía que Eloi había destruido sus pinturas, todas sus fotografías y las dos películas en Super 8, antes de quitarse la vida había dejado una nota para mí. En ella me daba las gracias por haberle acompañado en esos tiempos difíciles y me pedía perdón por lo que iba a hacer.

Nunca vi ese escrito ni se lo pedí. Estaba demasiado afectado para ver algo así, pero hoy me pregunto si esa nota de despedida realmente existió, o fue una invención compasiva de mi prima para ayudarme a lidiar con la tristeza.

Ya no quiero saberlo. Lo cierto es que Eloi estuvo muy presente en mi vida durante los tres o cuatro años siguientes. Durante todo este tiempo soñé a diario con él y manteníamos largas conversaciones como si nada de eso hubiera sucedido. Ésa era la clave. Como una reparación de la realidad, en el sueño las cosas habían sido distintas y se había resuelto lo irresoluble.

Esto me lleva a un sueño mucho más reciente que tiene que ver con la génesis de este libro.

47

Fuera de aquella época en la que Eloi seguía viviendo en mis episodios nocturnos, raramente me acuerdo de lo que en ellos sucede. Y una sola vez, que yo tenga conciencia, ha aparecido alguien en un sueño para darme una orden.

Ocurrió al principio de ponerme con estas memorias.

Al menos desde que soy adulto, siempre he vinculado el acto de escribir a la industria editorial. Desde que empecé a trabajar en este sector, me resulta indisociable una cosa de la otra. Por este motivo, a medida que iba redactando los primeros capítulos, me preguntaba: ¿y quién va a publicar esto? Porque no sentía que lo estuviera escribiendo únicamente para mí. Quería compartirlo, aunque sólo hubiera tres personas en el mundo a quienes les resonara.

Me preocupaba dónde publicaría este libro, ya que es el más personal que he escrito. No podía darlo a una editorial, sin más. Por un lado, no soy tan famoso para que un sello *mainstream* lance mi biografía. Tampoco tendría ningún sentido. Por otro lado, no quería darlo a un editor que pusiera precio a mi vida, la saldara o la descatalogara. No, eso no podía ser.

Como primera solución, se me ocurrió la típica tontería en la que se han metido otros autores: «Ya me lo publico yo, voy a crear una editorial».

En mi caso, ciertamente, dentro de mí habita un editor dormido. Durante muchos años de mi vida, editar, descubrir autores y libros era mi pasión. Y en este mismo volumen explicaré cómo todo eso se fue al traste.

Sentado en la terraza de mi casa, me dije que si creaba una editorial no podía ser sólo para dar a conocer mis memorias. Aprovecharía para publicar otros libros: un tratado del té que estaba escribiendo un autor amigo, un inédito de Ramana Maharshi que me gustaba…

Ya asomado al abismo, empecé a pensar en un nombre para la editorial, en la distribuidora con la que me reuniría, en un plan de lanzamientos a año y medio vista… hasta que apareció Él.

Fue durante un sueño muy nítido. Yo estaba sentado en una terraza en medio de un jardín (un poco como en el Lake View de *Upload*) haciendo nada, algo insólito para mí, cuando de repente se acercaba un hombre de cabellos blancos.

Vestía como un dandi y se plantó delante de mí, sin tomar asiento. El sol se filtraba a través de la melena que le llegaba hasta los hombros cuando me dijo:

—Por favor, olvídate de eso que tienes planeado hacer. He venido para pedirte que inviertas tu tiempo en otra cosa.

—¿Ah, sí? –le pregunté, intrigado–. ¿Qué cosa?

—Tal vez ahora no tenga sentido lo que te diré, pero te pido que lo hagas igualmente. De aquí a un año entenderás por qué tenías que hacerlo.

En lugar de montar la editorial, me pidió que acudiera durante nueve meses a un curso de guion de cine y televisión.

Aunque soy bastante cinéfilo, jamás me ha llamado el mundo audiovisual. Lo más cercano a filmar una película que he hecho fueron los dos cortometrajes de Super8 con Eloi.

El hombre del pelo blanco, sin embargo, no dio más explicaciones. Simplemente se marchó, dejándome solo en el jardín.

La rareza de este sueño luminoso me despertó. Y, al abrir los ojos en medio de la noche, recordé un poema que iba como anillo al dedo a lo que acababa de vivir. Es de David Whyte y me había llegado por una traducción de Andrés Martín Asuero.

Se titula «Sweet Darkness» (Dulce oscuridad), y en su segunda mitad dice:

> La noche te dará un horizonte
> más allá de lo que puedes ver.

Debes aprender una cosa:
el mundo fue hecho para estar libre en él.
Renuncia a todos los otros mundos
excepto al que tú perteneces.
A veces se necesita oscuridad y el dulce
confinamiento de tu soledad
para aprender
que cualquier cosa o persona
que no te haga sentir vivo
es demasiado pequeña para ti.

Aún no sé por qué ni para qué lo hago, pero he empezado a asistir a ese curso de guion.

48

Antes de retomar la historia en un punto cercano al que lo dejé, dedicaré un par de capítulos a explicar cómo resolví este asunto.

El tema de la publicación logré encarrilarlo pronto. Tras contar aquel extraño sueño a mi amigo Andrés Martín Asuero, que acabo de mencionar, me vino a decir:

—El hombre del pelo blanco tiene razón. No te metas en la trampa de montar una editorial. Ya estás suficientemente ocupado, y te vas a pasar los fines de semana haciendo albaranes. Llega a un acuerdo con un editor amigo, será mucho mejor.

Tengo muchos vínculos en el mundo editorial, y algunas buenas relaciones, pero *amigo* es una palabra muy grande. Editor al que pudiera hablarle de mi proyecto y del hombre del pelo blanco sólo se me ocurría uno.

Juli Peradejordi, fundador de Obelisco y descubridor de Paulo Coelho, entre otros hitos, había creído en mí cuando yo era un absoluto desconocido. Él había publicado mi primera novela de adultos, *El castillo de los 9 espejos*, que en aquella primera edición firmé bajo pseudónimo, tomando el nombre de la protagonista.

Desde entonces solemos comer de vez en cuando y, en mis visitas a la feria de Frankfurt, procuro alojarme en el mismo hotel que él para charlar durante el desayuno. Son ya veinte años de compartir visiones sobre los libros y la vida.

En una ocasión que le comenté que, por mucho dinero que entrara en mi cuenta, no lograba retenerlo, me confesó que a él le había pasado lo mismo en sus inicios en la editorial. Hacía inversiones ruinosas, adelantaba dinero para libros que no llegaban a entregarle, hasta que una experta astróloga le dijo:

—Aquello que desprecias se vuelve contra ti.

Hasta que no le diera un valor al dinero que yo regalaba tan alegremente, éste sería siempre un problema para mí.

Volviendo al asunto del libro, cuando le pedí una reunión para hablar de trabajo, Juli se ofreció a acercarse a Barcelona. Comimos en una tetería de Gràcia que para mí y algunos autores más es una segunda casa.

Y fue almorzando ramen con él que le expliqué el mandato del hombre del pelo blanco. El editor escuchaba asintiendo con la cabeza, como si aquello fuera lo más natural del mundo. Le pedí su ayuda para no tener que pasar los fines de semana haciendo albaranes, él me la ofreció y no tardamos en cerrar el acuerdo.

Al día siguiente recibía el contrato por e-mail, con anticipo cero, tal como era mi deseo, y ya firmado por el editor. Lo firmé yo también y lo escaneé para devolverlo a Obelisco sin más demora. Allí constaba la fecha de entrega y la de publicación.

Ya no había vuelta atrás. El monstruo echaba a andar.

Pero quedaba un detalle importante. Mejor dicho, dos. ¿Qué título poner al libro? ¿Y qué portada? Esto no es una autobiografía, sino un libro sobre la vida –mi existencia sirve sólo de hilo argumental–, así que no quería mi foto en la portada.

Cómo resolví la primera pregunta merece un último capítulo, antes de recuperar el hilo de la historia.

49

Leyendo otros libros de autoficción, me he dado cuenta de que la vida de una persona no es, en realidad, lo importante que se está contando. Suele haber un tema de fondo que aparece una y otra vez.

En el caso de *Limónov*, por ejemplo, es la ambición. Todo gira en torno a un hombre dispuesto a hacer cualquier cosa para alcanzar el éxito.

Mientras releía la primera mitad de estas memorias, me pregunté cuál era su *leitmotiv*, el tema recurrente. No me fue difícil verlo: trata de los maestros inesperados que aparecen en una vida para cambiar su rumbo. Aquellas personas que se cruzan en nuestro camino para inspirarnos y alentarnos, pero también las que influyen de forma negativa, las que nos hieren y frenan, porque también alteran el curso de la vida.

¿Cómo expresar eso en un título?

Mi costumbre de trabajar con música de Spotify a todas horas me dio la pista que necesitaba.

Escuchando *Beyond the end*, un disco instrumental que no conocía de Ed Harcourt, me llamó la atención una pieza de piano lenta y melancólica. Mirar el título en el tracklist fue como una revelación: *Wolves change rivers*.

«Los lobos cambian los ríos» me parecía un título bello y a la vez extraño. Por fuerza, tenía que hacer referencia a algo más. No necesité investigar mucho para dar con un pequeño documental con ese título sobre lo sucedido en Yellowstone en 1995.

Al crearse el Parque Nacional en 1872, no estaba previsto proteger al lobo gris. Al contrario, los cazadores los siguieron aniquilando hasta que en 1926 se extinguieron los últimos ejemplares. En la década de 1940 los conservacionistas y biólogos empezaron a hacer campaña para devolver el lobo a su hábitat, pero tardaron medio siglo en lograrlo.

No fue hasta 1995 cuando se reintrodujo un grupo de 14 lobos en Yellowstone. Muy pronto hicieron disminuir la población de ciervos, a los que empujaron lejos de los ríos, hacia regiones del parque menos expuestas. También expulsaron a los abundantes coyotes de la zona, lo cual aumentó el número de conejos y ratones, que atrajo a su vez la llegada de zorros, halcones y águilas, entre otros animales.

Es lo que se denomina cascada trófica.

Con la llegada de los lobos también se recuperó la flora, especialmente los sauces y álamos que eran devorados por los ciervos. Esto atrajo la presencia de castores, que necesitan estos árboles para crear sus diques. Así, las orillas del río, que se estaban desertificando, se estabilizaron creando un nuevo ecosistema para nutrias, visones, aves acuáticas, peces y anfibios.

El efecto mariposa que desató un pequeño grupo de lobos, además de regenerar la naturaleza y reequilibrar el ecosistema, acabó cambiando la forma de los ríos.

Tras conocer esta historia maravillosa a través del vídeo de cinco minutos, me dije que ése tenía que ser el título del libro. Cambié el plural de los ríos por singular, ya que estamos siguiendo el cauce de una sola persona, aunque ejemplifique el curso de la vida de todas.

Los lobos cambian el río, pues.

Curiosamente, este animal era el emblema de Nikosia, una banda que mantuve durante ocho años, y de hecho el primer disco se tituló *The long journey of wolves*. Un largo viaje, muchas veces solitario, que nos ha llevado hasta aquí.

Si nuestra vida es como un río, su curso se ve alterado por las personas que se acercan a nuestra orilla, sea para construir —como los castores— o para destruir —como los ciervos—. Yo mismo he ejercido de protector de algunas almas y, sin pretenderlo, de depredador de otras.

Éste es el tema de las páginas por las que estamos viajando. Seguro que el título ya no te suena ahora tan extraño. Los lobos cambian el río.

50

En lugar de retomar el relato en el punto exacto que lo dejé, retrocederé un poco más, ya que mi cambio de facultad me llevó a que ahora esté compartiendo todo esto contigo.

Tras cursar pobremente tres meses de Periodismo y desaparecer del mapa, el curso siguiente me inscribí en Filología Inglesa. Si no quería ser un camarero toda mi vida, me dije, con esa licenciatura al menos podría ser profesor de idiomas. Eso si lograba aprobar.

En aquellas aulas desangeladas entre pasillos de hormigón se encontraba la semilla de lo que sería mi carrera profesional.

Al llegar con veinte años a las clases de primer curso, me sorprendió que casi todo fueran chicas. Unas setenta para tres hombres, incluyéndome a mí. Para alguien que apenas conocía lo que eran las mujeres, parecía una gran oportunidad. Pero no lo era.

Cuando un género es tan hegemónico, no se establece una dinámica propicia para ligar, al menos en el mundo heterosexual. Más bien nos sentíamos como tres intrusos que se hubieran infiltrado en un colegio de monjas. Un poco como los protagonistas de *Con faldas a lo loco* en el tren que debe llevarles a Florida, pero sin maquillaje.

Era destacable la calidad humana de ellas. Dado que esta misma carrera se hacía en el centro de Barcelona, en la UB, a la UAB venían muchas estudiantes de zonas rurales de Cataluña. Los padres de algunas tenían granjas de cerdos y demostraban la candidez propia de las muchachas de pueblo.

Por primera vez me encontraba rodeado de chicas amistosas y nada amenazadoras. Quizás la más impertinente era una que siempre me incitaba a escaparme a tomar café con ella a mitad de la soporífera clase de lingüística.

En la cantina de la facultad, yo le contaba anécdotas de viajes y otras ocurrencias que la hacían reír. Hasta que una mañana me miró muy seria y me preguntó:

—Oye, ¿tú te preparas las paridas o te salen así?

Fuera de ésta, el resto eran excelentes alumnas, muy cumplidoras y a la vez cariñosas conmigo, quizás porque me consideraban raro y original.

Con un poco de intención, podría haberme emparejado con alguna de ellas. De hecho, la chica más alta de la clase en una ocasión me invitó a que pasara el fin de semana en el pueblo de sus padres.

—Pero… ¿qué haremos allí? –le pregunté ingenuamente.

—Jugaremos –repuso entre las risas de sus amigas.

Yo me escaqueé con alguna excusa. ¿Por qué no me dejaba querer por alguna de aquellas estudiantes sanas y bondadosas?

Pues porque, tal como exige el amor en sus inicios, si era sencillo no valía.

Aún me faltaba cursar algunas asignaturas para licenciarme en sufrimiento. Antes de conocer la realidad del amor, necesitaba perseguir un tercer espejismo. Mucho más cálido y amable que los dos anteriores, todo hay que decirlo, pero eso no supone ninguna ventaja si no pueden corresponderte.

51

Mientras tanto, el hijo mayor del dueño de Les Puces había regresado de la mili, asumiendo el rol de encargado. Era algo más estricto que su hermano.

—Habría que ir lavando esos ceniceros —me dijo al echar una ojeada a las mesas, la primera tarde que trabajamos juntos.

Fuera de eso, las jornadas transcurrían de manera agradable. De lunes a jueves venían los pianistas y charlaba con ellos largas horas, sobre todo con mi maestro. Los fines de semana, las dos plantas del local se inundaban de jóvenes que vaciaban una jarra de sangría tras otra.

Al terminar la noche, cuando subía con la bandeja a recoger los últimos vasos y copas, a veces me encontraba con algún regalo. Por ejemplo: copas de cava calientes porque la clientela había meado dentro.

En las tardes más tranquilas, el nuevo encargado se retiraba de vez en cuando a un rincón y escribía algo en trozos de papel. Era un chico extremadamente serio y silencioso, así que me intrigaba mucho esa actividad. Hasta que un día me atreví a preguntarle:

—¿Qué escribes?

—Le escribo al de arriba —me contestó elevando los ojos al techo.

Una tarde, le comenté que había descubierto una organización de campesinos noruegos que buscaban jóvenes que quisieran vivir y trabajar, al menos un año, en una granja al norte del país.

A mi corazón de invierno aquel plan le parecía magnífico. Dejarlo todo otra vez, la Filología Inglesa y mis nuevas amigas, así como aquel trabajo placentero, para irme a trabajar gratis a un lugar remoto con seis meses de oscuridad absoluta y a 20 grados bajo cero.

La vida plácida en la facultad y las calles llenas de terrazas de Barcelona se me antojaban una vulgaridad de la que huir. Aquí jamás encontraría la belleza, la aventura ni el amor verdadero.

Mi fantasía febril me decía que sería en una aldea del círculo ártico donde me esperaban amistades trascendentes, nuevas revelaciones y tal vez mi princesa de los hielos. Y estuve a punto de cumplir mi locura, si no fuera porque un capricho del destino lo impidió.

Rellené esperanzado el formulario en inglés y, por supuesto, pedí que me destinaran a Finnmark, la región más al norte, donde ni siquiera los noruegos quieren vivir.

Al saber que había mandado mi solicitud, el encargado y misterioso poeta me pidió que la rellenara también para él. Lo hice sin entender qué se le había perdido allí, ya que no hablaba idiomas ni había expresado nunca su deseo de emigrar al norte. Yo, en cambio, hablaba inglés, empezaba a chapurrear alemán y escribí una apasionada carta en la que suplicaba ser aceptado en una de aquellas granjas azotadas por los vientos polares.

Y entonces, como si el secreto guionista de la vida nos gastara una broma, sucedió lo impensable.

Ambos recibimos sendas cartas de la organización de campesinos nórdicos. Mi candidatura había sido rechazada y en cambio aceptaron la del encargado, que finalmente no viajó a su destino porque, justo antes, encontró una novia que hoy es la madre de sus hijos.

Mi sueño del norte quedó allí, congelado en el mapa. Como los libros de «Elige tu propia aventura», nunca sabré qué me habría deparado la vida si la organización noruega hubiera elegido a aquel chico tímido y melancólico que suspiraba por helar sus huesos en medio de la nada. Seguramente habría seguido por otros derroteros y hoy no estaría escribiendo estas líneas.

Ante los caminos no tomados de la existencia, nos queda siempre el consuelo de que las cosas suceden por algo o para algo y que, guiado por un misterioso azar, uno vive lo que tiene que vivir.

Muchos años después viajé, eso sí, a países como Islandia y Rusia en pleno invierno. Hoy en día puedo jurar que ya no me atrae pasar más de dos semanas bajo un clima siberiano. Puestos a huir, prefiero una isla griega o un café de Zanzíbar, donde el tiempo pasa igual de despacio, pero no hace falta blindarse con cinco capas de ropa para no morir congelado.

Aquel chico que se perdía en los mapas blancos está hibernando en un rincón de mi alma. Tal vez lo despierte algún día para que viva en una de mis novelas la aventura que no pudo ser.

En cualquier caso, debo gratitud infinita a ese lejano comité de granjeros que me rechazó.

52

Desde mi entrada en Filología Inglesa, mis compañeras me advirtieron del gran hueso que me esperaba en la carrera: el alemán. Era una asignatura obligatoria en los primeros tres años. Con sólo dos clases semanales, se esperaba que en ese tiempo acabaras dominando la lengua de Goethe.

Impartido por la profesora Anna Rossell, que tenía fama de implacable, las clases eran en alemán desde el primer día y me avisaron de que suspendía el 80 % de los alumnos.

Asustado ante esa perspectiva, las dos tardes que no trabajaba en la taberna me inscribí en la Escuela Oficial de Idiomas (EOI) para iniciarme en la materia en dos sitios a la vez.

El inglés lo arrastraba con cansancio desde la escuela, pero el alemán era un mundo desconocido para mí. Y eso me motivó. Al igual que me fascinaban los países de los que no sabía absolutamente nada, me atraía empezar algo desde cero con buen pie.

A mi buen propósito contribuyó Zinka Carandell, la dulce profesora de la EOI y, contra todo pronóstico, el amenazador lobo gris de Filología. Esta mujer pequeña y nerviosa, temida por todo el alumnado, estaba llamada a cambiar la historia de mi vida.

En un aula con casi cien estudiantes, tuve la suerte o desgracia de ser llamado al estrado por la profesora Rossell, que me usó de *sparring* para un diálogo en alemán de la primera lección. Como el día anterior había estado en la clase de Zinka, que avanzaba más suavemente, me las apañé para salir bien librado.

Con mi vergüenza a cuestas, me dije que, tras aquel debut, no sería la última vez que saldría a la palestra. Por consiguiente, me propuse tomarme el alemán como un asunto de vida o muerte.

Mi estreno como alumno brillante, por primera vez en mi vida, estuvo marcado por dos factores:

1. Cambio de foco

Hasta entonces, mi mente había sido mi enemiga. Era una centrifugadora de ideas fatalistas sobre la vida y sobre mí mismo, cosa que me había provocado frecuentes episodios de ansiedad, depresiones y otras formas de malvivir.

Sin embargo, en ese punto me planteé *qué pasaría si* dirigía toda esa energía inútil a una sola cosa: el estudio del alemán.

Y lo llevé a la práctica. El tiempo que había dedicado hasta entonces a comerme el coco lo invertía en memorizar listas de palabras, con su género —masculino, femenino o neutro— y su plural irregular, en asimilar conjugaciones de verbos, en leer y escribir en aquel idioma de estructura casi matemática.

El alemán era el nuevo foco de mi vida, ocupando el lugar de mis neuras.

Y esa decisión lo cambió todo.

2. El efecto pigmalión

Esta fijación elegida que me llevaba a estudiar varias horas al día se vio reforzada por la mirada apreciativa de mis dos profesoras de alemán. La de la universidad me hacía salir una y otra vez delante del alumnado, como ejemplo para el resto; la de la EOI sonreía satisfecha cada vez que la sorprendía con una palabra o expresión nueva.

Yo era el resultado de lo que en psicología se denomina *efecto Pigmalión*: especialmente en las etapas de formación, *somos lo que los demás esperan que seamos. Es decir, respondemos a sus expectativas*. Si un padre o un profesor te trata como un zoquete, tu tendencia es a confirmar su visión.

En cambio, si te transmite confianza en tus capacidades, tu autoestima aumenta y te esfuerzas en demostrar que no se equivoca contigo.

Éste es un mecanismo psicológico muy a tener en cuenta al tratar con los demás. Al expresar de forma manifiesta o velada nuestras expectativas, estamos condicionando su vida.

Suma de estos dos factores, el caso fue que en cuestión de meses pasé de ser un estudiante fracasado a poner camino hacia la Matrícula de Honor. Sin embargo, eso no fue lo más importante que sucedió aquel año en que había cumplido veinte años.

53

He hablado ya de las pacíficas y cumplidoras estudiantes de Filología. En la EOI se juntaba un ambiente básicamente obrero, más amistoso incluso que el de la universidad. Éramos veinte en clase, aunque no tardaron en dimitir unos cuantos. Los supervivientes formamos un grupito de amigos que mantuvimos el contacto durante años.

La motivación para aprender alemán era variada. Algunos trabajaban en la SEAT y pensaban que ese conocimiento les permitirá subir dentro de la empresa, que ya formaba parte del grupo VW. Otros lo hacían por curiosidad o como puro reto personal.

El alemán tiene fama de difícil, pero descubres que eso no es verdad cuando estudias lenguas eslavas, en las que cada palabra tiene su declinación. Por no hablar del húngaro, si nos limitamos a las lenguas europeas. Dicen que los agentes del Mossad lo aprenden para que nadie pueda entenderles cuando se comunican. Yo hice unos meses de húngaro y puedo dar fe de ello.

En comparación con esas lenguas, la dificultad del alemán es media. Sin embargo, para estudiantes sin formación filológica a los que ya les costaba el inglés, les parecía misión imposible.

Yo contaba con ventaja sobre ellos, pero huía de ser el típico estudiante repelente. Quería ser como las grandes almas de las que habla Kalidás, un poeta hindú del siglo VI, que «son como las nubes: recogen para repartir». Viendo el sufrimiento en mis compañeros, me ofrecí para repasar con ellos y resolverles dudas.

Las tardes que no trabajaba, me encerraba con los alumnos rezagados en la biblioteca de la EOI y les daba clases gratis. Así fue como descubrí que podía ser un buen profesor, porque tenía paciencia para aclararles los conceptos que les confundían, además de motivarles con cariño para que siguieran adelante.

Por primera vez en mi vida, era feliz. Me daba cuenta de que ser útil a los demás llenaba mi vida de sentido. Se estaba formando mi primer *ikigai*, que iluminaría mi vida durante casi una década.

Entre los conejillos de Indias que se prestaban a mis prácticas de profe de idiomas estaba Sarah. Me gustó desde el primer instante que la conocí. Menuda y simpática, aún guardo una foto de ella delante de la puerta de clase, con calentadores sobre los leotardos y su sonrisa siempre radiante.

Jamás había conocido a una chica como ella. La envolvía una cálida humanidad y tenía un gran sentido del humor. Siempre amable y agradecida, con ella podías charlar durante horas de cualquier cosa. Era el tipo de persona cuya compañía resulta siempre reconfortante.

Nuestra relación enseguida trascendió las clases informales de alemán. Nos hicimos inseparables y a veces se nos hacía de noche callejeando por el Barrio Chino, tomando cafés y cervezas mientras charlábamos sobre los entresijos de la existencia.

Pasaron semanas y meses y yo estaba convencido de haber encontrado la horma de mi zapato, como se dice vulgarmente. Y puedo expresarlo de forma más vulgar aún: estaba colado por ella hasta las trancas.

Y entonces, cuando parecía que mi historia sentimental estaba abocada a un final feliz, saltó el «dato escondido».

Éste es un concepto que aprendí de mi compañera de talleres de escritura y alma gemela Silvia Adela Kohan. El dato escondido consiste en desarrollar una trama entorno a una información que es esencial, pero que no se le proporciona al lector hasta el final. Cuando aparece, todo cobra entonces un significado distinto.

Hemingway contaba que, en sus inicios, se le ocurrió narrar una historia ocultando el hecho principal en el devenir del protagonista: que se estaba ahorcando.

Así me vi yo, cuando una tarde que me había acercado a Sarah más de la cuenta, ella me dijo con dulzura:

—Creo que hay algo que no sabes de mí… Hace años que tengo novio.

54

Era demasiado tarde para desenamorarse. El dato escondido había dado al traste con mis ilusiones, pero tampoco quería renunciar a su compañía.

«Ofrecer amistad a quien pide amor es como dar pan a quien muere de sed», decía Bob Marley, pero aunque acabara sucumbiendo en el desierto, prefería eso a alejarme de Sarah.

Ella siguió comportándose con la misma cercanía, aunque era consciente de mis sentimientos. Los aceptaba con naturalidad, otra cosa que me encantaba de Sarah. A diferencia de mis anteriores amores platónicos, no se incomodaba ante cualquier muestra de amor. Hasta parecía apreciarla.

Nos escribimos algunas cartas. Incluso le compuse un tema en el piano de Les Puces. Creo que se titulaba *Nombre secreto*, y ella lo escuchó complacida sentada a la mesa junto al Chassaigne Freres.

Cuando le mostré a Antonio aquel tema, durante una de nuestras clases, y le conté lo que pasaba con Sarah, se enfadó mucho y lanzó una de sus sentencias:

—No te quiere ni a ti ni al otro. Si quisiera al otro, no tontearía contigo. Si te quisiera a ti, ya no estaría con el otro.

Esta situación ambigua se prolongó unos cuatro años, me cuesta a mí mismo creerlo. Sarah dejó a su novio y empalmó otras relaciones. Llegué a dar clases de piano a una de sus parejas, que al terminar una de las clases me soltó: «Te quiero mucho, Francesc». Le dije que yo también y era cierto. Era un tipo que se hacía querer.

Mientras tanto, su hermana, que formaba parte de nuestro grupito, una vez me llevó aparte y me dijo:

—Si fueras más canalla y menos blando, Sarah ya estaría contigo.

El problema era que yo no sabía ser de otra manera. Ejercía de acompañante casi siempre inofensivo, de consejero sentimental y recomendador de libros. Ella era mi amiga y mi amor imposible. También mi musa, ya que consiguió que, después de un largo letargo, me pusiera a escribir.

Y no sólo aquellas largas cartas, que ella contestaba pacientemente sin recomendar psicólogos. En uno de mis interrails veraniegos, mientras cruzaba Europa en tren, le escribí este poema y se lo envié desde la primera oficina de correos.

NOCTURNO SOBRE LAS RUEDAS DE UN TREN

La noche de Berlín es tuya
y la de Hamburgo
y la de Estocolmo.
La vía del tren es un largo hilo
que me deja ir
y me recoge cuando tú sonríes.
Porque tú estás en la noche alemana
en el silencio de verano
en la nave de chatarra.
Solamente quien ha amado a alguien
conoce con certeza
los sueños que contiene
la noche encendida.

55

Aunque hoy resulte insólito, hace sólo tres décadas las cartas iban y venían como principal medio de comunicación entre los que vivían lejos.

Por aquella misma época, yo tenía un amigo que se había trasladado a Aberdeen a estudiar y nos carteábamos de forma intensa y constante. Cada diez días, aproximadamente, recibía seis o siete folios donde me contaba con todo detalle sus peripecias por la ciudad escocesa, sus reflexiones y esperanzas.

Nada más leer su carta, yo tomaba mi estilográfica y me ponía a relatarle mis propias miserias. Luego cerraba el sobre, ponía su dirección y corría al estanco a buscar un sello. Bellos rituales de cuando el tiempo tenía otro tempo.

Recuerdo que, en una ocasión, entre las muchas carencias que tenía mi vida, su misiva me pilló sin cartuchos para la estilográfica y empecé mi respuesta así: «Querido amigo, te escribo con este rotulador marrón, porque es el color de la mierda que estoy pasando en Barcelona».

En un mueble de mi cuarto, yo guardaba cientos de cartas. Y entre todas ellas, la más extraña que jamás recibí era de un compañero de la Salle Condal. La escribía un amigo de los primeros años del colegio y me invitaba a visitar una secta donde él estaba involucrado, porque allí harían de mí «una persona más capaz», en sus propias palabras.

Dispuesto a rescatar a mi amigo de la infancia, no dudé en ir a la dirección de la carta, pero al llegar allí el local estaba siendo desmontado. La secta se estaba mudando a algún otro lugar y nadie me supo decir nada.

La vida a veces tiene desvíos que no llevan a ningún sitio.

Sin ánimo de hacerme pesado, antes de pasar a otras aventuras, quiero volver a Sarah por penúltima vez. Digo penúltima porque más adelante contaré una última vuelta de tuerca en una relación que estuvo marcada por extraños imposibles, largas ausencias y milagrosas reapariciones.

Lo que estoy a punto de contar me costaría de creer si me lo explicara otra persona. No obstante, más de veinte testigos asistieron a ese prodigio, que demuestra que si hay una mano invisible que escribe el argumento de nuestra vida, a veces bebe más de la cuenta y se burla de nosotros. O bien se apiada de nuestros males, como veremos a continuación.

56

Para explicar esta historia, necesitaré dar un salto de doce años entre las dos escenas que voy a contar.

Yo tendría veintipocos años cuando tuvo lugar esta salida con la pandilla de la EOI. Aquella noche tocaba en un pueblo costero la banda liderada por el novio de la hermana de Sarah. El concierto tuvo lugar en una discoteca donde el público prácticamente se limitaba a nosotros.

Sonaban realmente bien, con un estilo parecido a Simple Minds, y estuvimos bebiendo y animando dentro de las posibilidades de nuestra pequeña cuadrilla.

Terminado el show, necesitaron media eternidad para desmontar, cargar las cosas en su furgoneta, luego unas copas con el público amigo que les había acompañado.

Aquella noche yo estaba desanimado. Sarah había acudido con su pareja y casi no hablamos en toda la noche. Yo me sentía como una estrella fugaz, perdido en el negro infinito del cosmos. Sin carnet de conducir, además, no me quedaba otra que esperar que la juerga terminara para cubrir los veinticinco kilómetros de regreso a casa.

Eran las cuatro de la madrugada cuando pude meterme en un coche con la siguiente configuración: al volante, el líder de la banda y a su lado la hermana de Sarah. Ella iba detrás, en medio su chico y yo al otro lado, pegado a la ventanilla.

Me sentía mortalmente cansado, de cuerpo y de alma.

Cuando nos pusimos en marcha, para no dormirse el conductor seleccionó una emisora de radio al azar. Entonces sonó *Eternal Flame*, una canción de las Bangles que estaba triunfando.

> Close your eyes, give me your hand, darling
> Do you feel my heart beating
> Do you understand?
> Do you feel the same
> Am I only dreaming
> Is this burning an eternal flame?[1]

En la oscuridad del coche, yo escuchaba aquella canción y pensaba: «Me cago en mi vida». Mis compañeros en el asiento trasero estaban ya groguis mientras las Bangles cantaban:

> I watch you when you are sleeping
> You belong with me
> Do you feel the same?
> Am I only dreaming
> Or is this burning an eternal flame?[2]

Con esa banda sonora y en aquel coche, me sentía el ser más desgraciado del universo. Esa madrugada me dije que había tocado fondo. Aquél era el momento más bajo de mi vida. Desde ahí sólo se podía morir o ir para arriba.

A partir de entonces, me esforcé en lo segundo.

Vamos a dar un salto hacia delante: doce años después. Yo tenía la edad de Cristo crucificado, pero las cosas me iban razonablemente bien. Me había hecho un nombre en el mundo editorial, y empezaba a cosechar los primeros éxitos.

En medio de mi vida bohemia en Gràcia, me presentaron a una escritora mexicana mayor que yo que se había instalado en el barrio. Su nombre era Coro Perales y había ganado un premio literario con su primera novela.

---

1. Cierra los ojos, dame tu mano, cariño / ¿Sientes cómo late mi corazón? / ¿Lo entiendes? / ¿Estoy sólo soñando / o hay encendida una llama eterna?
2. Te contemplo mientras duermes / Eres parte de mí / ¿Sientes lo mismo? / ¿Estoy sólo soñando / o hay encendida una llama eterna?

Enseguida nos hicimos amigos, y el verano de aquel año me pidió el siguiente favor:

—Este sábado llega Tom Kelly, un compositor de California que fue mi pareja cuando vivía allí, y necesito que me ayudes a organizarle una fiesta.

Si algo se me ha dado siempre bien ha sido montar fiestas, así que me puse manos a la obra. Para elegir bien el lugar y lo que necesitábamos, le pregunté:

—¿Qué discos ha hecho? ¿Y cuál es su instrumento?

—Siempre compone para otros, lo hace al piano. El *Like a Virgin* y más temas de Madonna son suyos. Ha ganado un montón de dinero con los royalties.

Con esa información, pedí a una amiga de El Masnou, un pueblo de playa cercano a Barcelona, si nos podía ceder su casa para la fiesta, ya que ahí había un piano.

Aceptó y me ocupé de todos los detalles para que Coro quedara bien con su antiguo amor.

La llegada de Tom Kelly, con camisa de cuadros y barba, al principio despertó curiosidad, pero tras cantar un par de temas suyos –era curioso escuchar el *Like a Virgin* por un hombre–, la gente se cansó y fueron a tomar el fresco al patio.

Como el final de una película, nos habíamos quedado los dos solos sentados al piano. Entonces le pregunté qué otras canciones había compuesto, aparte del primer disco de Madonna.

—¡Oh, muchas! –contestó–. Por ejemplo, a las Bangles les compuse *Eternal Flame*, que ha generado una fortuna.

Al oír esto, me quedé sin aliento. Le confesé que aquel tema era muy significativo para mí. Después de contarle la penosa historia del coche, Tom Kelly rio y me dijo:

—Pues ahora mismo la cantaré sólo para ti.

Sentado a su lado, al escuchar los primeros compases de *Eternal Flame*, tuve la impresión de que aquello era una insólita compensación cósmica. Sin salir de mi asombro, mientras Tom cantaba al piano sentí que mi corazón se llenaba de paz.

Se había cerrado un círculo.

57

Pero regresemos a mis inicios como filólogo. Sin pretenderlo, Sarah había encendido de nuevo la mecha creativa en mí. No obstante, más allá de poemas, cartas y algunas piezas a piano, no tenía otro proyecto que formarme para ser profesor de idiomas.

Hasta que apareció el teatro. En un cartel de la EOI vi que el departamento de inglés buscaba actores para una pieza en ese idioma. Animado por mi amor secreto, fuimos a ofrecernos los dos al director de la obra, que era australiano.

Enseguida nos encontró acomodo en el elenco de actores, entre los que estaba Montse, una oficinista diez años mayor que yo con un enorme talento para la interpretación. Además de conservar su amistad tras más de treinta años, la menciono porque tendrá importancia en lo que contaré más adelante.

La primera obra para la que ensayamos fue *If you are Glad I'll be Frank* de Tom Stoppard. No recuerdo nada del argumento. Sólo que me dieron un papel pequeño y que, en un momento musical de la obra, Sarah y yo teníamos que cruzar el escenario bailando y haciendo un tirabuzón en el aire.

El auditorio de la EOI estaba lleno la noche del estreno y el público se partía de risa, no sé si por la comicidad de la obra o por nuestras patéticas interpretaciones.

Aparte de mi experiencia adolescente en Radio Pica, donde además no veía a la audiencia, ésta era la primera vez que tenía el *feedback* del público.

Tras los aplausos finales, mientras los actores nos abrazábamos para relajar la tensión, me dije que eso estaba bien.

Se rieran con nosotros o de nosotros, habíamos hecho felices a un centenar de personas. O, como mínimo, durante una hora se habían olvidado de sus miserias. Sólo por eso ya merecía la pena la paliza.

Pasarse meses ensayando para matarlo en una sola función parecía poco premio, pero tenía otras compensaciones.

Tras nuestro ensayo semanal, los actores y el director nos íbamos a algún bar del Raval a beber y charlar, a veces hasta bien entrada la noche. Me sentía a gusto en aquel ambiente bohemio, aunque el nuestro era un grupo de teatro amateur.

A este debut le siguió la obra *Where is the Rabbit?*, no recuerdo de qué autor. Suponía un reto mucho mayor, porque había sólo dos actores en escena todo el tiempo. Creo que yo era un estudiante Erasmus que vive realquilado en casa de una mujer soltera, interpretada por Montse, con quien acaba teniendo un romance.

La noche del estreno lo pasé muy mal. En la anterior obra, mi papel había sido accidental: sólo aparecía y desaparecía del escenario haciendo tonterías. Estar toda la hora sobre las tablas, con la mirada escrutadora del público en la oscuridad, era algo muy distinto. Me atenazaba el miedo a olvidarme del texto, a hacerlo mal, incluso a salir huyendo presa del pánico.

Para añadir un poco más de tensión, había un conejo real en la función al que había que controlar y no paraba de escaparse cuando lo necesitábamos en escena.

Aguanté el tipo hasta el final, pero cuando cayó el telón decidí que no volvería a actuar. Y lo he cumplido hasta el día de hoy, aunque me siento tentado a retomar aquellas sensaciones desde un lugar diferente en el tablero del mundo.

Mi timidez de entonces haría que, años después, renunciara a hacer el doctorado de Filología Alemana, teniendo muy buenas calificaciones. Me aterraba la idea de defender la tesis doctoral cuando llegara el momento.

Para alguien que teme a un jurado de media docena de personas, como mucho, era impensable acabar haciendo giras y dando charlas en auditorios de hasta mil personas. Sin embargo, eso es la prueba de que vivimos muchas vidas dentro de una. Como en el cuento del elefante atado a la estaca, no tienes que quedarte con las limitaciones de la primera.

58

Aparcada la vía teatral, a la que no tardaría en volver con otro rol, me centré en componer piezas a piano. A veces era un tema completo, otras sólo un fragmento que grababa para continuarlo en un futuro.

Iba llenando cintas de casete que guardaba en una caja de zapatos. Allí había las semillas de cientos de canciones. No obstante, llegó un momento en el que me cansé de tocar para nadie. Por eso, cuando uno de los pocos chicos de la facultad me dijo que era guitarrista, se me abrió el cielo. No tardamos en quedar para componer juntos y cantar.

El dueto se llamó Saturday Song, porque ensayábamos cada sábado por la mañana hasta terminar una nueva canción en inglés. De esos encuentros salieron una decena de temas y la base *de Suburban Princess* que en el futuro tocaría a menudo con mi banda Hotel Guru.

Además de componer y comentar lo jodida que era la asignatura de Fonética Inglesa, nos hicimos íntimos. Yo estaba al corriente de sus batallas sentimentales, que él ilustraba diciendo cosas filológicamente dudosas como: «Busco a una chica que me rellene bien». Por su parte, él escuchaba mis fantasías de majadero.

Tras terminar la carrera, regresó a su Mallorca natal, pero de vez en cuando seguía viniendo a verme y resucitábamos la canción del sábado. Hasta que, sin darnos cuenta, perdimos el contacto.

Pasaron un par de años sin saber nada el uno del otro y, como soy muy propenso a perder el móvil, tampoco tenía su número. Le escribí un e-mail y no obtuve respuesta. Buscando por Facebook, encontré una sola persona con su nombre y apellido —es poco común—, sin foto de perfil y de Palma de Mallorca. Esto me hizo pensar que podía ser él, aunque me hizo dudar que en aficiones y gustos saliera «Luis Miguel».

En cualquier caso, no contestó al mensaje privado que le mandé por FB. Aquello me entristeció. No había aprendido aún a dejar ir a quien se encuentra ya en otro camino y no quiere echar la vista atrás.

Según he aprendido, hay muchos motivos para no contestar el mensaje de un viejo amigo. Uno es la reticencia a recordar tiempos en los que, además de amistad, se vivieron episodios de infelicidad. Ver nuevamente a esa persona, años después, te puede devolver de bruces a una época que has elegido olvidar.

Let it be cantaban los Beatles. El presente nunca será del todo nuestro mientras arrastremos nostalgias y decepciones. La mayoría de personas que ahora son muy importantes para ti se esfumarán algún día. Lo único que puedes hacer es apostarlo todo a cada encuentro y dejar un buen recuerdo.

Aprendí, en fin, que la existencia es un constante dejar ir. A lo largo del camino te vas desprendiendo de todos y de todo hasta que, un día, dejas ir tu propia vida.

Es una enseñanza dura de aprender, sobre todo si eres sentimental y la amistad es tu valor más sagrado. Creo que yo he necesitado media vida para entender lo que Fritz Perls, el creador de la Gestalt, resumió en esta breve oración:

Yo soy yo, y tú eres tú,
Yo hago mis cosas, y tú haces las tuyas.
Yo no estoy en este mundo para cumplir tus expectativas.
Y tú no estás en este mundo para cumplir las mías.
Si en algún punto nos encontramos y coincidimos,
será hermoso.
Y si no, no hay que lamentarse.

59

Hablando de despedidas, tras una progresiva decadencia debido a distintos factores, Les Puces del Barri Gòtic acabó cerrando. Hubo incluso un juicio con un proveedor que reclamaba deudas, mezclado con un asunto de amenazas.

—Jamás encontrarás un trabajo mejor que éste –me había dicho una vez Miguel Padre, y en muchos sentidos le he dado la razón.

Como tenía carnet de ciclomotor, empecé a trabajar de mensajero, un empleo mucho más duro e ingrato. Hacía largas jornadas de diez o doce horas, perdido por polígonos industriales donde encontrar una dirección era un milagro, en una época sin móviles ni Google Maps.

En uno de aquellos lugares en medio de la nada, me paré en una carretera de la periferia a mirar la guía de calles. Luego no logré arrancar el ciclomotor y quedé clavado justo en medio del asfalto. Un coche venía a lo lejos y, al verme allí parado, debió de pensar que yo estaba allí por capricho y decidió no frenar.

Salí disparado y no me partí la crisma de milagro.

Todo el tiempo que no estaba en la facultad lo pasaba rodando por calles y carreteras. A cambio de muy poco dinero acababa el día molido. Por aquel entonces, había cambiado de carrera por segunda vez para hacer Filología Alemana, ya sin el inglés, en la vieja facultad de Plaza Universidad.

Las asignaturas que había cursado en la UAB me cubrían el primer ciclo, así que en un máximo de tres años esperaba licenciarme. Entre medio, me había sacado el *Proficiency* de inglés, con lo que me preguntaba si no podía encontrar algo mejor que aquellas palizas como mensajero.

En mi primer intento de entrar en el mundo editorial, logré que una agencia de traducciones me hiciera una prueba. Me dieron un texto de tres páginas en inglés para ver si podía trabajar con ellos.

Yo nunca había traducido profesionalmente, así que me entregué a la tarea con muchas dudas. Al terminar, le enseñé el resultado a mi padre.

Aunque no hubiera pasado por la universidad, Marcel llevaba tantos años leyendo en inglés, francés e italiano que estoy seguro de que tenía más vocabulario que muchos de mis profesores. Por eso decidí recurrir a él, ya que mi posible contratación dependía de esa prueba.

Lo recuerdo como si fuera ahora. Sentado en el sillón con su camiseta imperio, leía a través de sus gafas de pasta mi primer intento de traducción. Al terminar, me devolvió los folios sin añadir una sola nota y se limitó a decir:

—Es pasable.

Ni un comentario más. No me precisó qué fallaba ni cómo podía mejorar el texto. Simplemente, volvió a su periódico y el asunto quedó zanjado. Mi suerte estaba echada.

Con poca fe, mandé la muestra a la agencia, que jamás se puso en contacto conmigo. El trabajo no había sido lo suficiente bueno. Sabiendo que no obtendría ayuda de nadie, además de todo lo que ya hacía, me inscribí en un curso intensivo de traducción en la EOI.

El resto de horas libres seguía trabajando en cualquier cosa para reunir algo de dinero y poder huir de aquella ciudad que me aprisionaba, de ese hogar lleno de silencio, de una existencia sin amor.

60

Mi vida era un constante entrar y salir. Me había hecho cooperante de una ONG con numerosos proyectos, el Servicio Civil Internacional, y aprovechaba cualquier ocasión para largarme.

De mi padre obtenía indiferencia y mi madre empezaba a hartarse de mis escapadas a mitad del curso. Cuando un invierno me ofrecieron vivir y trabajar en una casa en Suiza que se estaba construyendo para mujeres maltratadas, mi madre me retiró la palabra.

Coincidió que había agotado ya mi último dinero y no tenía manera de pagarme el billete de autobús hasta el valle de Engadina, donde se hallaba la casa en obras. Al saberlo mi profesor de piano y amigo, vino a entregarme un billete de diez mil pesetas. Aquellos sesenta euros, que en la época suponían mucho más, era todo lo que Antonio tenía y alcanzaban para el pasaje en autocar hasta Suiza.

—Como alguna vez intentes devolvérmelo, te pego dos hostias —me advirtió.

Estuve varias semanas haciendo de albañil voluntario en aquella casa rodeada de un metro de nieve. Cuando regresé a Barcelona, la tensión ya había pasado.

Volví a mis empleos mal pagados en medio de las clases. En el reducido grupo de Filología Alemana —en muchas clases no superábamos la decena— creo que era el único que hacía esa clase de trabajos.

Con el buen tiempo y algo de dinero ahorrado, viajé luego hasta Haapasari, una lejana isla de Finlandia desde la que se veía la costa rusa. Mi misión allí era limpiar el terreno, que había sido declarado parque natural, de los restos de cabañas que habían existido en el pasado.

Me metí en el bosque con mis herramientas a cuestas y, nada más pisar la zona de trabajo, un enorme clavo que sobresalía de un tablón enterrado me atravesó el pie. Tuvieron que llamar a la policía para que viniera a buscarme en lancha.

En la primera ciudad de la costa, fui llevado al hospital y, tras recibir las curas e inyecciones pertinentes, me devolvieron a la isla con el pie vendado. No pude moverme en las dos semanas que duraba el proyecto, así que me sentaba junto al guardabosques a observar cómo trabajaban mis compañeros.

De vez en cuando, me enseñaba palabras en finés, un idioma con el nivel de facilidad del húngaro. Sólo recuerdo «hola» (*hei, hei!*) y «mosquito» (*sääski*).

Mi siguiente destino como cooperante fue Neßsand, una isla fluvial en el Elba frente a la ciudad de Hamburgo. Estaría acampado un par de semanas en esta reserva natural de pájaros y tortugas —o quizás eran lagartos, ya no me acuerdo— para realizar algunos trabajos.

Uno de ellos era subirme a la canoa y remar con algún compañero hasta el otro lado del río para comprar provisiones en Hamburgo para los voluntarios.

He olvidado casi todo lo que hacíamos ahí. Sólo sé que aquél era un verano espléndido y que me acompañaba mi amigo de Aberdeen. Había bastante gente en la pequeña isla y pasé más de una noche durmiendo al raso o sentado en la orilla, contemplando las oscuras barcazas que, como bestias silenciosas, atravesaban el río con su carga.

Fue en este entorno idílico, propio de una película alemana de arte y ensayo, donde a los veintitrés años conocí a quien sería mi primera pareja.

61

La llamaremos Aurora porque alumbró una nueva etapa de mi vida.

A diferencia de los tres amores platónicos, no entraré en demasiados detalles, lo cual puede parecer raro siendo mi primera novia, alguien con quien compartí cuatro años. Sin embargo, hay dos razones para ello.

La primera es que no existe narrativa en lo que va bien. Las novelas y biografías se basan en los conflictos, en la superación de problemas, y Aurora tenía un carácter extremadamente pacífico. No recuerdo verla enfadada una sola vez en todo el tiempo que estuvimos juntos.

La segunda razón es que se trata de una persona sumamente discreta y protectora de su vida privada. Por eso, no ahondaré en muchos detalles de ella, pero algunas cosas sí debo contar para que se entienda la historia, que alcanzará su desenlace de aquí cinco capítulos.

De momento aún no hemos llegado ni al nudo, estamos sólo en la introducción.

Además de sumarse mi amigo exiliado en Escocia, la organización me facilitó el teléfono de la tercera cooperante de Barcelona que participaba en el proyecto. El resto eran de otros países. Antes de la partida, tomamos una cerveza en el Café Zúrich para ponernos cara.

Era una estudiante de psicología muy empática y risueña, con unos profundos ojos verdes. Tenía fascinación por Uruguay, donde sus padres se habían conocido en el Casal Catalán de Montevideo para luego regresar a Barcelona.

Al partir juntos en tren hacia el norte de Alemania, no podía imaginar todo lo que íbamos a vivir durante y después de aquel viaje.

En nuestra estancia en la isla, empezamos a acercarnos y pasamos más de una noche charlando hasta el amanecer bajo la noche estrellada.

Al terminar el proyecto, quedaba aún mucho verano por delante. El bono de Interrail que nos había llevado hasta Hamburgo aún permitía viajar doce días, así que con mi amigo y otros compañeros de Neßsand ya había planes de seguir el viaje por alguna otra parte.

Cuando Aurora y yo anunciamos que iríamos a Berlín, nadie quiso añadirse. El destino era lo de menos. Todo el mundo había notado nuestra conexión y decidieron dejarnos solos.

Yo pensaba que me había tocado la lotería. Me encontraba en una capital donde nunca había estado, compartiendo iglú en un camping con una chica que no sólo me gustaba mucho, sino que parecía corresponderme.

Guardo pocas memorias de lo que vimos o dejamos de ver en la ciudad. Mis recuerdos más vivos son de lo que pasaba dentro de la tienda cuando nos retirábamos por la noche, después de todo el día pateando las calles.

Aun así, los avances se sucedían poco a poco. Hasta el punto que, cuando nos despedimos en el metro de Barcelona con la mochila a la espalda, yo estaba convencido de que no la vería nunca más.

Quizás me había vuelto demasiado cauto, después de tantos desengaños, pero esta vez prefería pecar de prudente. Lo habíamos pasado muy bien juntos, había habido muchos besos y un poco más, pero ella en ningún momento había manifestado que quisiera estar conmigo. Pequeña y de larga melena ondulada, tenía un punto *hippie*, así que pensé que para ella yo sólo había sido una aventura de verano.

Nos dimos los teléfonos, pero yo estaba decidido a no molestar. Tratando de asimilar el primer éxito sentimental de mi vida, aunque se limitara a un amor de verano, cada mañana tomaba el tren dirección a Sitges, donde tomaba el sol y fantaseaba con las nubes.

Entre aquel mar poco profundo, lecturas y sueños pasó una semana entera. Hasta que un mediodía que estaba comiendo en casa, con el televisor a tope como único ser parlante, sonó el teléfono y mi madre fue a responder. Me dijo que una chica preguntaba por mí.

Sorprendido, me levanté a ver quién era. Enseguida reconocí la voz suave de Aurora al otro lado:

—Oye, ¿cómo es que no llamas?

62

La primera cita oficial fue en L'Antiquari, un bar de plaza del Rey con un conveniente sótano, lejos de las miradas de los clientes que ocupaban la planta baja.

Tras este encuentro, paseamos de la mano hasta plaza Cataluña, donde cada cual tomó el metro hacia su casa. Cuando ella se hubo marchado, me dije: «Ahora tienes novia», sin saber muy bien lo que aquello significaba.

Fue el inicio de cuatro años que empezaron con mucha calma y placidez, hasta que la fiebre viajera reapareció para hacerlo tambalear todo. Pero ya llegaremos a eso.

Con Aurora compartíamos la pasión por la danza, así que íbamos a ver grandes compañías como el Maurice Béjart Ballet y otras más pequeñas. Ella tenía pasión por el tándem formado por Cesc Gelabert y Lydia Azzopardi.

Entre todos los espectáculos que vimos, nunca olvidaré la coreografía de una bailarina israelí con un ratón. El roedor trataba de forma natural de llegar al suelo, descendiendo desde el hombro de la chica por su torso y por una de las piernas. Sin embargo, la bailarina iba girando sobre sí misma al ritmo del ratón, que siempre quedaba en lo alto. Una vez llegaba al pie, al darse cuenta de que seguía estando arriba, continuaba su descenso, pero ella seguía rotando su cuerpo como un suave molino de forma que el animal avanzaba en las alturas en un círculo sin fin.

Más allá de la extrema dificultad del ejercicio, la coreografía al amparo de la música era de una belleza y armonía sobrecogedoras. Cuando la danza terminó, el público estalló en un emocionado aplauso mientras el ratón huía ya sobre las tablas del escenario, como el conejo de nuestra obra de teatro.

Nos escapamos a ciudades románticas como Lisboa, y en verano a lugares de playa. Con ella descubrí que la pareja confiere un significado diferente al verbo *viajar*. Lejos de mis odiseas a salto de mata, ahora se trataba de encontrar un hostal en una zona bonita, de pasear y visitar lugares emblemáticos, cerrando la jornada con una cena con encanto, acompañados de un buen vino.

La aventura tal como yo la entendía formaba parte del pasado.

En Barcelona pasaba mucho tiempo en su casa, donde sus padres me acogieron como a su propio hijo. La madre de Aurora era extraordinariamente vital y juvenil, a menudo la tomaban por su hermana. El padre era un arquitecto muy culto con un gran sentido del humor.

Se quejaba, eso sí, de que las cosas nunca le salían bien, diciendo: «¡Tengo una suerte para la desgracia!».

Yo me metía a menudo en su pequeño despacho de arquitecto para usar el ordenador donde manejaba el AutoCAD, ya que yo no tenía en casa. Fue en esta nueva etapa de mi vida, tan tranquila y hogareña, cuando pensé en volver al teatro como autor de una obra.

Allí mismo empecé a teclear *Rereteló*, una pieza de una hora con números musicales. Versaba sobre un grupo de actores secundarios que esperan «detrás del telón» —eso significa el título en catalán— a que llegue su momento de gloria al final de la obra.

Una vez terminado, lo imprimí en una lentísima impresora matricial y, tras hacer algunas copias, las encuaderné. Fui a ver a mi amiga Montse Aguilera, que había actuado conmigo muchos años atrás. Leyó el texto con atención y se ofreció generosamente a dirigir la obra.

Yo me encargaría de reclutar a los actores y de tocar el piano en los números en los que bailaban o cantaban. Decidido a hacer realidad aquel proyecto, me lancé a montar una compañía de teatro, a la que puse el pésimo nombre de Oli d'Aloe, es decir, «aceite de aloe».

El espectáculo podía empezar.

63

Encontré a un actor joven y a otros dos que interpretarían a los personajes maduros para el reparto, además de unas cuantas chicas que debutaban en el escenario, entre ellas una compañera de la uni, la hermana de la directora y mi propia hermana.

Para el ensayo semanal, yo alquilaba el auditorio de una coral del barrio de Sants, llamado de forma premonitoria Orfeó L'Atlàntida. Con un nombre así, nuestra compañía sólo podía hundirse.

Mientras Montse dirigía, yo me sentaba al piano situado bajo escenario. Tocaba en los momentos musicales y observaba los agotadores ensayos, que costaron a mi buena amiga sangre, sudor y lágrimas.

Algo muy característico del teatro amateur es la informalidad de los actores. Siempre faltaba al menos uno, así que yo o la propia directora teníamos que cubrir la ausencia, papeles en mano. Fueron al menos seis meses de suplicio hasta que logramos estrenar, primero en la misma Atlàntida y luego en un par de auditorios más.

El espectáculo recibió muchos elogios por una pura cuestión de expectativas. En la primera obra de un autor, con una actriz reconvertida a directora y varios debutantes sobre las tablas, el público espera un horror insufrible. El hecho de que mi ópera prima fuera musical reforzaba aún más ese temor.

Contra esa prevención, el espectáculo les divirtió e incluso emocionó al público en algunos momentos.

Aun así, ni la directora ni yo queríamos volver a pasar por aquel trance. En palabras de mi amiga: «Mover una compañía de teatro es como mover a un elefante». Por lo tanto, decidimos hacer otra cosa, algo original y arriesgado a la vez.

Yo era muy fan de las historias de desamor de Montse, así que me ofrecí a escribirle un monólogo en el que, bajo una identidad ficticia, contaría todas esas calamidades en el más puro estilo *stand up comedy*. Esta vez, además de escribir la obra, dirigiría yo, y entre una escena y la siguiente habría música en directo para darle un tono más cabaretesco.

El carnicero de confianza de mi madre se ofreció a tocar el saxofón y yo le acompañaría al piano. A la hora de la verdad, nunca entrábamos a la vez, pero el público que acudió al estreno pensó que aquel desajuste era ex profeso, y lo aplaudieron como si fuera parte del espectáculo.

Pero eso no fue lo más raro de *Maragda La Nuit*, como se llamó la obra.

El texto tenía su secreto reflejo en el público. Varios de los hombres de los que Montse, bajo el disfraz de Maragda, hablaba jocosamente en la obra estaban en el patio de butacas. Se trataba de romances fallidos que en su momento fueron un drama, pero que ahora adoptaban forma de comedia.

Desde mi parapeto detrás del piano, yo sabía quiénes eran y les observaba entre las sombras. Reían como locos, sin darse ninguno por aludido.

Tras mi modesto debut como director, el poeta Miquel-Lluís Muntané, vinculado al Ateneu Barcelonès, me pidió por favor que dirigiera *E.R.*, una obra de Benet i Jornet sobre el mundo del teatro. Me explicó que él no podía ocuparse, tras haberse comprometido.

Recibir aquel encargo fue una responsabilidad, porque las cuatro actrices, una muy joven y tres de mediana edad —entre ellas Montse— tenían un nivel alto y yo no tenía experiencia. La obra era, además, de un autor consagrado en el teatro catalán contemporáneo.

Los ensayos fueron como una seda y cuatro meses después estábamos estrenando con muy buena acogida del público. Lo que sucedió a partir de ahí pertenece ya al ámbito de lo paranormal.

La obra gira entorno a una mítica actriz y profesora de teatro cuyas siglas eran E.R., de Empar Ribera. Una joven estudiante de arte dramático, que aspira a obtener el papel para una obra sobre E.R., entrevista a tres de sus exalumnas para entender quién era esta enigmática mujer, con una vida llena de claroscuros.

Los distintos relatos, que incluyen la muerte enigmática de una cuarta alumna, la llevarán a un mundo más turbio aún de lo que la estudiante imaginaba.

Se trata de una obra psicológica alrededor del mundo del teatro con una muerte misteriosa en el centro. Seguramente me habría olvidado ya de ella si, tras el estreno de la obra, no hubieran empezado a morir las actrices. Hablo ya de la vida real.

La primera en caer fue la actriz más joven, que murió de cáncer con veintipocos años. Otras dos actrices del reparto fallecieron en los años siguientes, pese a encontrarse en el ecuador de su vida.

Como si la obra encerrara una secreta fatalidad, de las cuatro actrices de *E.R.* sólo quedó una viva: mi amiga Montse.

64

A ojos de cualquier persona sensata, gozaba al fin de una vida plena. Los estudios marchaban bien y no tardaría en licenciarme. Con el alemán y el inglés, no me faltaría trabajo en una academia de idiomas, como era mi deseo. Tenía una pareja que era un oasis de amor y serenidad, y su familia me había acogido como a un hijo. ¿Qué más podía desear?

La insatisfacción que iba tomando terreno en mi interior me decía que aquella vida de sosiego no era para mí. Echaba de menos la bohemia de Les Puces, aquel lento destruirse entre las viejas paredes de piedra. La aventura y el impulso viajero llamaban a mi puerta. Más que eso, amenazaban con echarla abajo.

Quería abandonar la ciudad de una vez por todas y vagar sin rumbo por el mundo, descubrir lugares y gentes, vivir en la carretera, reinventar mi existencia cada mañana, sentirme vivo.

Llegado a este punto, cometí el error de pensar que el amor todo lo puede, y que podía compartir un plan así de alocado con una mente mucho más ordenada y prudente que la mía.

En una de nuestras citas, revelé a Aurora mi idea de dejarlo todo para ir a correr aventuras por los cinco continentes. Juntos haríamos del mundo nuestra casa, trabajando por aquí y por allá, improvisando el camino cada día.

Ella abrió mucho sus ojos verdes, tratando de entender aquel plan. A los dos nos faltaban un par de años para acabar las carreras. ¿Se trataba de echarlo todo por la borda, sin más? Para tranquilizarla, decidí acotar el plan en el tiempo:

—Sería sólo tomarnos un año sabático. En los seis meses que faltan para que acabemos el curso, podemos trabajar a media jornada en algún sitio. Con eso y lo que hagamos en verano, habremos ahorrado suficiente para empezar la aventura en septiembre.

Sólo renunciaríamos un año a la universidad, le prometí. Tras 365 días de aventura, volveríamos a la vida que todo el mundo esperaba de nosotros.

Mi idea era empezar por algún proyecto de cooperación, en cualquier lugar del mundo, y a partir de allí decidir sobre la marcha. Sabía por experiencia que en estos proyectos participan muchas almas libres. Conocerían otros lugares donde ir o nos invitarían a su país o a lo que fuera. En esta vida vagabunda, una vez te lanzas a los caminos, todo es dejarse llevar.

Aurora escuchaba con atención mis explicaciones, tratando de imaginar cómo sería aquel año sabático, lejos de todos y de todo lo que había sido su vida hasta entonces. Su sueño siempre había sido volver algún día a Uruguay, pasar una larga temporada allí, no vagar por el mundo sin oficio ni beneficio como los *beatniks* de *On the Road*. Aun así, pareció que la había convencido.

No tardamos en encontrar trabajo los dos en una pizzería que entregaba a domicilio: ella como telefonista y yo como repartidor en moto. El dinero para el año de la libertad absoluta empezaba a llegar.

Cada vez que daba gas por las oscuras calles de les Corts, me decía que estaba un poco más cerca de nuestro sueño.

65

Pronto descubrí que repartir pizzas en moto era una profesión de alto riesgo.

Para conciliarlo con la facultad, Aurora y yo estábamos en el horario de cenas. Cuando había un partido de fútbol, los pedidos eran constantes. Vestido con uniforme rojo en la moto roja, el color corporativo de la pizzería, cargaba tres o cuatro pizzas en la caja y salía disparado a hacer las entregas. Si llegaban aún calientes, recibiría buenas propinas. El fijo que cobrábamos era muy bajo, así que los motoristas confiábamos en eso para reunir dinero.

El principal peligro no era sufrir un accidente, algo plausible habida cuenta de cómo nos saltábamos el código de circulación. El verdadero hándicap de aquella profesión eran los constantes asaltos.

Un motorista de rojo es visible a gran distancia, y había atracadores especializados en nosotros. Sabían que el dinero que llevábamos en la cremallera frontal de nuestro anorak no era nuestro, y que no opondríamos resistencia.

En nuestra sucursal cada semana había algún atraco que otro. Y si no lo había, se fingía. Yo jamás recurrí a eso, pero era común que una vez al mes alguno de mis compañeros me susurrara al oído:

—Hoy me voy a pegar el palo.

Aprovechaba algún pedido de varias pizzas para fingir el robo. Regresaba a la pizzería muy alterado y, con grandes gestos, explicaba cómo se le habían lanzado encima varios tipos.

Todos los motoristas sabíamos que había escondido el dinero dentro de su zapato y nos reíamos por dentro. Pero al gerente no le quedaba otro remedio que creerle y le mandaba a la comisaría, donde pasaría varias horas para declarar. Su jornada había terminado.

Lejos de esos engaños, yo recuerdo haber sido atracado dos veces la misma semana. El primero llevaba el casco puesto para que no pudiera verle la cara, cuando fuera a declarar a la policía, y me empujó con tanta fuerza contra la puerta de cristal del *hall*, que se rompió en mil añicos detrás de mi espalda.

El segundo podría haberlo evitado si hubiera seguido mi intuición. Todos nacemos con este radar interno que nos permite saber ciertas cosas antes de que sucedan. La intuición es a la conciencia lo que los servicios secretos al Estado. A menudo maneja información que desconocen las altas instancias, y sólo la hace aflorar cuando es suficientemente importante para que actuemos de inmediato.

Cegados por el pensamiento racional o por las prisas, a menudo no la escuchamos cuando está mandando claras señales, lo cual nos puede poner en peligro o hacernos perder oportunidades.

Yo hice oídos sordos a uno de estos mensajes de los servicios secretos de la conciencia, y pagué las consecuencias.

Estaba circulando al anochecer por una amplia calle de las Corts cuando, sin ningún motivo, me fijé en un chico que estaba de pie en la acera a mi derecha. Su aspecto era perfectamente normal. Llevaba un anorak de invierno y una bolsa de plástico en la mano. Sin embargo, mi oficina interna me pidió que me fijara en él y diera importancia a ese desconocido.

No lo hice y me limité a aparcar la moto cincuenta metros más abajo, frente al bloque donde habían pedido la pizza. Llamé al piso del cliente y entré sin mirar una sola vez atrás. Una vez entregada, tomé el ascensor para bajar.

Antes de que pudiera salir, las puertas se cerraron de nuevo y me encontré con aquel tipo del anorak, que pulsó el botón de subida y, con el rostro empapado de sudor, me dijo:

—Tienes que ayudarme.

Hizo subir y bajar el ascensor tres o cuatro veces hasta que logró sacarme la recaudación. Tras haberle entregado todo lo que guardaba en mi bolsillo delantero, le miré de frente por un instante, antes de que se diera a la fuga. Me quedé helado.

Estaba casi seguro de que conocía esa cara, aunque no lo dije al prestar declaración en la comisaría. Era uno de mis compañeros de primaria.

66

Terminado el curso, en verano trabajamos más horas aún en la pizzería para acabar de reunir dinero. Y entonces, a inicios de septiembre, sucedió la hecatombe.

Yo había dejado que venciera mi fecha para matricularme en las asignaturas del nuevo curso. Con la mente ya en la aventura que nos esperaba, ni se me ocurrió pasarme por la facultad.

La fecha límite de ella era una semana más tarde. Llegado el último día, en un giro totalmente imprevisto en nuestra historia, Aurora se matriculó.

Cuando me lo dijo, me quedé muerto. No recuerdo qué explicaciones me dio, pero supongo que a última hora tuvo miedo y no quiso interrumpir su devenir académico.

Para mí, la realidad era otra. Mi plazo para matricularme ya había pasado y no hacían excepciones. Estaba fuera de la universidad y me sentía muy decepcionado. A solas en aquella aventura que había ocupado nuestros sueños –o al menos eso yo había creído–, me enfrentaba ahora a la nada más absoluta.

Ya no había vuelta atrás. En mi huida hacia delante estaba dispuesto a apuntarme a un bombardeo. Y justo esto es lo que acabó sucediendo.

67

Siempre se ha dicho que escribir es catártico. Yo añadiría que lo es incluso mucho tiempo después de los hechos, ya que puedes comprender el recuerdo traumático y darle otro sentido.

Transcurridos más de veinte años de lo que acabo de contar, plasmaría la esencia de este giro vital en *El libro del invierno*, mi segunda novela juvenil. Narra la historia de un chico de Bellvitge cuya fijación es viajar, marcharse muy lejos de su barrio en la periferia. En su imaginación romántica, así es la chica de sus sueños:

No sé si será rubia o morena, gorda o delgada, o si lleva aparatos en los dientes. No la he visto nunca, pero sé que existe y un día la conoceré. ¿O debería decir la «reconoceré»?

Sólo sé que me llamará por teléfono, me escribirá un correo electrónico o un SMS, o vendrá a encontrarme directamente. Me dirá: «Joel, ve haciendo la bolsa. Esta noche huimos de aquí y no volveremos nunca más».

Y yo la obedeceré, y temblaré de emoción mientras reúno un poco de ropa, los mapas, mis cuatro ahorros. Soñaré despierto en trenes que atraviesan la noche, en carreteras que llevan a sitios inexplorados, ciudades y paisajes por descubrir.

Cerraré la mochila y me la colgaré a la espalda: y saldré de casa furtivo, como un ladrón, para ir a buscarla.

«Vamos», le diré tras abrazarla bien fuerte y darle un beso de película, porque sabré que ha llegado la chica de mi vida.

Esta fantasía del pobre Joel me hace hoy sonrojar de vergüenza, aunque es dolorosamente parecido a quien era yo entonces. En el barrio tiene una novia muy brillante y amorosa, Sandra, que vive y sufre sola con su padre, un hombre que desvaría desde que su madre les abandonó.

Como yo, el protagonista de *El libro del invierno* la convence de huir de aquel desierto de bloques de hormigón que es un cementerio de sueños. El día señalado, se citan a las seis de la mañana en la estación para tomar el tren que sale un cuarto de hora más tarde.

Sin embargo, Sandra no llega. Joel la llama, convencido de que se ha dormido, pero ella le explica entre lágrimas que no puede acompañarle. Su padre ha sufrido una crisis de ansiedad y no se ve capaz de abandonarlo.

Nada más colgar, el tren entra en la estación. Mientras Joel corre por el túnel con la mochila a la espalda, en los diez segundos que necesita para llegar al andén, dentro de su cabeza se precipitan las conclusiones:

1) Si me retiraba, quedaría en ridículo delante de todo el mundo y dejaría constancia de mi derrota.
2) Subir al tren era cuestión de principios, como dirían mis padres.
3) Sandra no podía ser la chica de mi vida.

Llegué justo a tiempo para saltar al vagón, que cerró puertas detrás de mí con un largo sonido hidráulico.

Mientras el tren comenzaba a rodar, enganché mi cara sudada a la ventana. Quería ver cómo las fichas de dominó quedaban lejos, más lejos... Antes de dejar atrás la última hilera de bloques, dediqué a mi barrio natal un monumental corte de mangas, que sonó en el vagón como una bofetada. Hecho esto, me desplomé sobre un asiento y empecé a llorar.

68

No contaré qué le sucedió a Joel en su solitario viaje, porque aquí me corresponde contar el mío.

En cuanto a mi Sandra particular, algo se había roto entre nosotros. O, como mínimo, nuestros caminos se bifurcaron de forma muy clara –también literalmente– a partir de aquel punto. Sin pretenderlo, yo dejé de ser una buena pareja desde entonces, absorbido por una realidad más extravagante que cualquier novela, en vista del rumbo final que tomó mi escapada.

A partir de aquí, recurriré de nuevo a mi libro de memorias viajeras para contar lo que pasó con detalle.

Siguiendo el guion previsto, me pasé por las oficinas del SCI (Servicio Civil Internacional) para pedir un trabajo de voluntariado de larga duración. Lo más lejos posible.

Tras una entrevista con el coordinador, me dijeron que en una granja de minusválidos de Estados Unidos buscaban un monitor para todo un año.

A cambio de mi trabajo, me darían comida y cama en la misma granja, además de ciento veinte dólares mensuales como dinero de bolsillo. El vuelo me lo tenía que costear yo.

Aquello me pareció una buena oportunidad para establecerme en el país y, una vez finalizado el contrato, saltar hacia cualquier otro lugar. Por lo tanto, solicité la plaza. De todos modos, me dijeron que tendría que esperar unas semanas hasta que llegasen los papeles de Estados Unidos.

Regresé al trabajo en la pizzería con un nuevo ánimo. Ya tenía un destino.

Sin embargo, las semanas y los meses fueron pasando y los papeles de aquella maldita granja no llegaban nunca. Cada vez que llamaba a la oficina me decían lo mismo:

—Los reclamaremos por fax esta tarde.

Y de nuevo el silencio. Un silencio roto por la Derbi Variant de la pizzería, con la que superaba mil peligros para tratar de ganar algo más de dinero. Era lo único que podía hacer hasta que llegase la hora de partir.

Y la hora llegó. Una mañana me llamaron del SCI para saber si podía pasarme por la oficina. Tenían algo importante que decirme. Acudí esperando que por fin hubiera llegado mi documentación para Estados Unidos. Nada que ver con lo que me esperaba.

—El tema de la granja va para largo –me advirtieron–, pero nos acaba de entrar una solicitud que te puede interesar.

—¿De qué se trata?

—Un campo de refugiados al sur de Croacia solicita un monitor de parvulario. Es muy urgente.

—Pero… ¿Croacia no está en guerra?

—Sí, por eso les cuesta encontrar a gente que quiera ir. El SCI envía a un voluntario de cada país. Hemos pensado que el de aquí puedes ser tú.

Hacía meses que veía por televisión los bombardeos de la guerra de los Balcanes, con unas matanzas que eran impensables en nuestra época, y menos aún en Europa. El lugar al que me invitaban estaba en medio de un conflicto que se saldaría con ciento treinta mil muertos, un número muy superior de heridos y dos millones de desplazados.

Una propuesta como esta sólo se puede decidir en caliente. Sin saber dónde me metía, pregunté:

—¿Cuándo tendría que irme?

—En diez días.

69

Hasta entonces yo había prestado una atención relativa al conflicto armado que había empezado en Eslovenia y se había extendido rápidamente por Croacia y Bosnia. Por televisión mostraban fuego de artillería, casas destruidas, fosas con cientos de cadáveres, filas de miles de refugiados que lo habían perdido todo.

Pensé que la vida me ofrecía, por fin, la oportunidad de hacer algo positivo. Yo no había elegido esa misión, pero aceptaría lo que me había reservado el destino.

Aun así, estaba asustado y por las noches me costaba dormir. Volvía a pasar horas escuchando la radio. Recuerdo que una de esas madrugadas escuché la voz rota de Andrés Aberasturi. Tras lamentarse porque el mundo estaba podrido y todo eso, calló durante unos segundos y, acto seguido, preguntó: «¿Quién tiene un tippex para el alma?».

Era pleno invierno cuando anuncié en la pizzería que me iba. Al saber el motivo, el gerente me dio la mano, emocionado, y me dijo:

—Te guardaremos el puesto por si alguna vez quieres volver.

Todo el mundo entendió mi decisión como un acto de valentía y de amor hacia la humanidad, cuando era un puro accidente del azar que hubiera sido enviado a aquel parvulario cerca del frente.

Antes de que me diera cuenta, estaba viajando hacia allí. Era enero de 1993 y yo tenía veinticuatro años. Me dije que me encontraba en aquel tren, sencillamente, porque no tenía ningún otro lugar adonde ir. De hecho, la ONG de Zagreb que organizaba aquello me había elegido exactamente por el mismo motivo: porque no tenían a nadie más. Era, por tanto, un maridaje perfecto.

Cuando uno viaja a un país en guerra, la falta de información resulta de lo más inquietante. En el SCI no me habían sabido decir nada sobre la situación de Croacia, qué zonas eran seguras y cuáles no; de hecho, yo ni siquiera sabía si me dejarían cruzar la frontera. Lo único que tenía era una fotocopia ilegible de Naciones Unidas que indicaba –en croata y en inglés– quién era yo y qué iba a hacer allí.

Aparte de eso, sólo contaba con el libro de Manu Leguineche, *Yugoslavia kaputt*, que hacía un repaso desgarrador de la evolución del conflicto.

Mientras el convoy dejaba atrás la Côte d'Azur, yo leía un capítulo sobre dos cuñados del mismo pueblo que habían quedado a lado y lado del frente, y se disparaban a destajo.

Antes de entrar en Italia me asaltó la primera –y la última– duda. Me rondaban por la cabeza las imágenes de la tele y las historias de Leguineche. Una pesadilla de sangre y fuego. Por otro lado, aquella oscura fotocopia no me parecía suficiente para pasearme por el campo de batalla como si tal cosa.

De repente, cuando el tren se detuvo en la última estación francesa, sentí el impulso de bajar y cambiar de dirección. No quería volver a Barcelona, por supuesto. La idea peregrina que me rondó por la cabeza, en mi minuto de debilidad, era olvidarme de Croacia y hacer vía hacia el norte, tomando la ruta hasta Polonia.

¿Qué narices pintaba yo en Polonia en pleno enero –a quince grados bajo cero como mínimo–, sin conocer a nadie ni hablar polaco? Visto ahora, nada. Pero en aquel momento pensé que podía empezar una nueva vida allí. Tenía suficiente dinero para alquilar un apartamento en un bloque socialista, como los que salen en el filme *No amarás* de Kieslowski. A partir de ahí ya se vería.

Por suerte, el deber moral se impuso y decidí seguir la travesía. «Que sea lo que Dios quiera», me dije.

Aun así, la idea permaneció en mi mente durante unos instantes, y con ella una cadena de sucesos que nunca sabré adónde me habrían llevado.

70

Todo fue mucho más sencillo de lo que imaginaba. El tren nocturno Venecia-Zagreb seguía funcionando, a pesar de la guerra y de la notoria falta de pasajeros.

Al atravesar el límite de Italia, mi vagón quedó completamente vacío. Aun así, la policía de fronteras eslovena inspeccionó hasta el último rincón. Me llamó la atención el escudo nacional, con tres montañas bajo un cielo estrellado. Me pareció propio de un país inofensivo.

—*Where are you going?* –me preguntó uno de los policías.

—*To Zagreb.*

Pensaba que me preguntaría el motivo, pero se limitó a encogerse de hombros y dar media vuelta.

En Liubliana subieron tres pasajeros cargados de fardos. Una hora después entrábamos en territorio croata. Aquí la policía militar ventiló el trámite en un santiamén. A duras penas miraron los pasaportes que les mostrábamos. Daba la impresión de que tenían otras cosas que hacer, y que les importaba muy poco los cuatro colgados que entraban al país a través de Eslovenia.

Tal y como podría comprobar más adelante, el verdadero polvorín se encontraba en el este y el sur del país.

El convoy siguió avanzando por una superficie plana cada vez más nevada. Los primeros suburbios de la capital ya estaban a la vista. Días atrás los serbios habían lanzado unas cuantas bombas sobre Zagreb, pero aquella noche la ciudad se veía serena y tierna como un cuento de hadas. Los tejados blancos y los campanarios apuntando al cielo de enero, las calles vacías, algún árbol navideño que resistía en un jardín. Era como si allí nunca hubiese pasado nada.

Aunque era muy tarde, en la estación central había bastante actividad. No me costó encontrar donde cambiar mis marcos por dinares croatas. En el mismo vestíbulo había un punto de información turística, cosa absurda en un momento en que los únicos extranjeros que visitaban la ciudad eran los traficantes de armas.

En un inglés impecable, una chica con cara de sueño me informó de que la Stepanka ulica –donde se encontraba la ONG croata– estaba bastante lejos del centro. Era mejor que tomase un taxi.

Una vez fuera de la estación, me quedé un rato mirando la ancha avenida que pasaba por delante. Salvo una fila de soldados que atravesaba la calle nevada, se respiraba un ambiente de distendida normalidad. Había mucha gente paseando, a pesar de la avanzada hora de la madrugada. Uno se imagina que un país en guerra se paraliza y que todo el mundo está hecho polvo, porque es lo que te enseñan por la tele. Pero la realidad es que las personas siguen haciendo vida normal hasta el último momento, porque no les han enseñado a vivir de otra manera.

Llegué de madrugada a una calle residencial en las afueras de Zagreb. La central de operaciones de Suncokret (que en croata significa girasol) estaba en una casa unifamiliar con un pequeño jardín cubierto de nieve.

La puerta de atrás estaba abierta, así que entré intentando no hacer ruido. Tenía entendido que allí era donde dormían los voluntarios antes de que les adjudicasen un destino. Pero no todo el mundo dormía.

En la cocina había luz y dos jóvenes visiblemente borrachos. Me presenté y me dieron la bienvenida. Acto seguido, me dijeron que eran desplazados de la ciudad de Vukovar, que había caído en manos de los serbios después de un asedio de ochenta y seis días.

—Primera lección para recién llegados –dijo con voz temblorosa el que hablaba inglés–. Nunca confundas a un desplazado con un refugiado, ¿de acuerdo? Aunque vivan igual de mal.

—¿Cuál es la diferencia?

—Un desplazado es alguien que ha sido expulsado de su tierra, como nosotros, y que es acogido en otro lugar del territorio nacional. Un refugiado es un extranjero que se refugia en otro país. Un bosnio, por ejemplo. Aquí en Croacia tenemos a cientos de miles.

Les di a entender que tenía sueño, y el hombre que no había hablado me acompañó, caminando torcido, hasta la habitación comunitaria. Para no despertar a los que roncaban, avancé a tientas hasta una litera vacía y me metí debajo de las mantas.

No tardé en cerrar los ojos en el corazón del girasol.

71

El silbido de una cafetera me despertó. Luego oí el repiqueteo de platos y tazas, y unas cuantas risas. Interesado, salté de la cama para añadirme al desayuno, que consistía en pan integral con mantequilla y mermelada.

Estaban los dos desplazados de la noche anterior, que hacían muy mala cara, además de un alemán, una inglesa y tres personas de la organización –dos chicas y un barbudo–. La más joven de ellas me dio la bienvenida en nombre de Suncokret.

—Pasa después por el despacho y te daré tu documentación.

—¿Cuál es mi destino? –pregunté.

—Parece una pregunta filosófica –rio–. Bien, tú tienes que ir a Brač, una isla al sur de Dalmacia.

—Estás de suerte –me dijo el alemán–, nosotros nos tenemos que quedar en Zagreb pasando frío. Vivimos aquí.

—¿Trabajáis en un Kindergarten? –pregunté.

—Llamémoslo así. Es un almacén que se utiliza como escuela para refugiados bosnios. Organizamos actividades lúdicas: pintura, música, juegos… Sin saber el idioma, no se puede hacer mucho más.

Me dije que quizás eran ellos los afortunados, porque a mí me tocaba ahora atravesar todo el país para ir a una isla cercana a las milicias serbias. Éstas habían ocupado la Krajina, el territorio entre Bosnia y el litoral dálmata. De hecho, de Dalmacia sólo se había salvado la estrecha franja de la costa. Pocos kilómetros más allá, los combates continuaban.

Finalizado el desayuno, me pasé por la oficina. Antes que nada, pagué un canon de ayuda –obligatorio– para la ONG, alrededor de cien euros. Después la chica, que no tendría ni treinta años, me entregó unos papeles con la ubicación exacta del campo de refugiados.

—Saldrás mañana. Tienes que coger el autobús hasta Rijeka, y de allí un ferry que recorre la costa dálmata. Antes se podía ir en tren, pero la línea ha quedado inutilizada desde que los serbios ocuparon la Krajina. Lo mismo ha ocurrido con muchas carreteras, que ahora están en su bando.

—¿Y el ferry me llevará a la isla? –dije impresionado ante aquel panorama.

—No, tienes que bajar en el puerto de Split. Desde allí, un pequeño transbordador te llevará a Brač.

De fondo, sonaba una agradable música clásica. Vi que salía de un radiocasete con CD incorporado en la repisa de la ventana. Aquellos aparatos acababan de salir al mercado y eran bastante caros. De hecho, todavía no conocía a nadie en Barcelona que tuviese uno en casa.

La chica, que había advertido mi interés, me preguntó:

—¿Te gusta Mahler?

Entre conversaciones sobre la guerra, pasó la mañana y la tarde entera. Al llegar la noche, comimos algo y el barbudo entró con una caja grande de cervezas y otra de vino. Por la naturalidad con la que abrían las botellas, deduje que allí había fiesta cada noche.

El desplazado que hablaba inglés llevaba la voz cantante. Después de maldecir a los serbios y despotricar contra la Unión Europea, que no les habían asistido, bebió un vaso de vino de un sorbo.

La atmósfera allí dentro era densa, así que salí al patio para tomar el fresco. Era una noche clara y sin viento, lo cual permitía quedarse un rato sin congelarse. En un primer momento, no advertí que el desplazado gritón me había seguido.

—Yo tenía un almacén y cuatro camiones en Vukovar.

Contesté con una pregunta estúpida:

—¿Te dedicabas al transporte?

—Sí, y ahora todo está en manos de los serbios, hijos de Satanás. Escucha, ¿por qué no me acompañas un día?

—¿A Vukovar? –pregunté sorprendido.

—Bueno, el autobús sólo llega hasta Osijek, donde está la línea del frente. Pero yo puedo atravesarla hasta Vukovar porque soy de allí, aunque los serbios hayan ocupado la ciudad. ¿Sabes? Tengo una pistola.

—¿Y qué piensas hacer? –pregunté espantado.

—Tranquilo, tú te quedarás en Osijek. Allí estarás a salvo. Yo pasaré al otro lado e iré a ver qué hijo de puta vive en mi casa. Entonces...

Cerró los puños con fuerza y, a punto de llorar, volvió a entrar en la casa.

72

En el autobús hacia Rijeka, yo todavía pensaba en la escena de la noche anterior. Después supe que los croatas que huyeron con vida de la ciudad sufrían el llamado «síndrome de Vukovar». La doctora Milena Putnik lo describe así:

> Es un síndrome postraumático, consecuencia de un trauma excepcionalmente violento (escapar de la muerte, asesinato de una persona cercana, haber asistido a torturas) que aparece posteriormente (después de un mes, o incluso de unos cuantos meses) y que altera el comportamiento de la persona afectada. Algunos síntomas de este trastorno: pesadillas, miedo excesivo, depresión, *flash-backs* frecuentes, ideas de suicidio.

Hicimos parada en Karlovac, conocido por su fábrica de cerveza y después continuamos por pequeñas carreteras llenas de curvas hacia Rijeka. En muchos pueblos por los que pasábamos había cuarteles y comisarías con sacos de arena en la puerta. Se notaba que nos acercábamos a la zona caliente. No obstante, los pasajeros parecían contemplarlo todo de manera desapasionada, como si aquello no fuese con ellos.

En un punto de control entraron dos policías con cara de pocos amigos. Sin pedirle la documentación a nadie, se dirigieron directamente hacia un hombre delgado y menudo que llevaba una bolsa grande entre las piernas. Después de mirar el contenido, se encararon con él y le hicieron bajar. Parecía que ya lo habían visto otras veces.

Aquello no duró ni dos minutos. El bus arrancó de nuevo y el hombrecillo se quedó en tierra, donde discutía acaloradamente con los policías.

A media tarde llegamos a Rijeka.

Esta ciudad limita con la península de Istria, una región reclamada por Italia que ha cambiado de manos unas cuantas veces. La ciudad vive de cara al puerto y recuerda ligeramente a Barcelona. Como el muelle es bastante extenso, tuve que caminar un poco hasta encontrar el ferry que iba a Split y Dubrovnik.

Compré un pasaje a pie del barco y me añadí a una larga cola de gente que quería subir. Había sobre todo soldados que iban a cubrir posiciones al sur de Dalmacia.

Unos días antes, las milicias serbias habían estado bombardeando localidades costeras, y aquel ferry lleno de tropa podía ser un objetivo goloso. Como no había otra opción, me acomodé como pude en la embarcación.

Algo que me chocaba era la tranquilidad que desprendían aquellos jóvenes, que luchaban por conseguir un asiento donde pasar la noche. Años después, el amigo Miquel Ruiz –cofundador de Fotógrafos por la Paz– me reveló el secreto de aquella calma:

—Cada proyectil lleva un nombre escrito. Si el tuyo no está, no hace falta que sufras.

Pasé buena parte de la noche sentado en un pasillo con la espalda apoyada contra la mochila. La nave parecía avanzar muy lentamente, quizás porque reseguía la accidentada costa dálmata donde hacía algunas paradas.

Bien entrada la madrugada, un soldado muy joven salió de la sala de butacas y se me acercó:

—Escucha, hay un asiento libre allí dentro.

Me levanté como un relámpago. El soldado me guio por la oscura sala, donde el humo del tabaco competía con un agrio olor a pies.

Dejé la mochila en el suelo y mi cuerpo en el asiento. Estaba agotado. Después de agradecerle una vez más el detalle, le pregunté al chico:

—¿Sabes por dónde vamos?

—Antes de una hora estaremos en Zadar. La cosa se pone fea.

—¿Por qué lo dices?

—Los serbios están bombardeando la ciudad ahora mismo.

—¿Cómo lo sabes? –le pregunté alarmado.

—Me lo ha dicho un tipo que lleva una radio.

—Entonces el barco pasará de largo –supuse en voz alta.

—¡Qué dices! Naturalmente que se parará. Hay gente que tiene que bajar en Zadar. No los pueden dejar en la estacada.

—¿Quién quiere ir a una ciudad bajo las bombas?

—Yo, por ejemplo. Vivo allí.

Y éste fue el fin de la conversación. Intenté conciliar el sueño, pero era inútil. No me podía quitar de la cabeza que en un abrir y cerrar de ojos atracaríamos en Zadar. Eso si antes un misil no nos hacía saltar por los aires.

Desde la oscuridad, noté cómo el barco giraba sobre sí mismo. Maniobraba para entrar en el puerto. Mi compañero se despidió con un *Dobra noć* –buenas noches– y se añadió al grupo de soldados que se preparaba para salir. Yo también me levanté para ver qué pasaba.

Por fortuna, no sucedió nada. El ferry se detuvo muy poco rato, el tiempo justo para que el pasaje abandonase la nave casi a oscuras. Muy de fondo, se escuchó el rumor mortecino de lo que podía ser una explosión.

Sin esperar ni un segundo más, el barco dio media vuelta y se adentró nuevamente en el mar. Faltaba poco para el amanecer.

73

La ciudad de Split nos regaló una mañana espléndida. Salí a cubierta justo cuando el ferry hacía maniobras en el puerto. El mal trago había quedado atrás y el sol parecía celebrarlo haciendo brillar las aguas.

En los alrededores del muelle, se observaba una intensa actividad: estibadores cargando camiones, un pequeño mercado al aire libre, gente apresurándose de un lado a otro. También muchos soldados. Sobre nuestras cabezas pasaron tres aviones de carga de Naciones Unidas (UNPROFOR en croata). Después supe que los cascos azules tenían en la capital de Dalmacia un importante centro de operaciones. Cuarenta kilómetros escasos nos separaban del polvorín bosnio.

Cuando ya estuvimos en tierra, advertí que aquella presencia no era bien vista por todos. En un muro a pie de carretera se leía la inscripción «UNPROFOR GO HOME», una pintada que vería en otros lugares de la ciudad.

Sin acabar de entender de qué iba todo aquello, busqué el transbordador que me llevaría hasta la isla de Brač.

Una vez a bordo, mientras nos alejábamos de Split contemplé desde la lejanía aquella ciudad desordenada –al modo latino–, que no parecía tener nada que ver con la arquitectura austro-húngara de Zagreb y sus nieves. Era como si perteneciese a un país distinto.

Una mujer mayor que me había estado observando me preguntó en un inglés perfecto de dónde era y qué hacía allí.

Satisfice su curiosidad sin entrar en demasiados detalles. Cuando la isla se hizo por fin visible, la mujer me explicó que había sido guía turística antes de la guerra.

—Ahora ya no tenemos turistas aquí, sólo refugiados.

Y sin que viniese a cuento, dijo:

—Por cierto, ¿sabía usted que la Casa Blanca y el Reichstag se construyeron con piedra de Brač?

Desembarqué en Supetar, puerto y capital de la *otok* (isla) Brač. El punto de encuentro era un antiguo establecimiento hotelero a unos veinte minutos del muelle. Siguiendo las indicaciones del plano, enfilé una estrecha carretera atestada de hoteles por ambos lados.

Lo que llamaba la atención de aquel centro de vacaciones era que, en lugar de turistas, las calles estaban llenas de gente vestida de manera muy humilde, refugiados de Bosnia que lo habían perdido todo salvo la vida. En muchas ventanas había mujeres, con la cabeza cubierta con un pañuelo, que tendían la ropa bajo el sol. Nadie sonreía.

Después supe que Supetar, como el resto de la isla, se había convertido en un inmenso campo de refugiados bosnios. Habían llegado allí huyendo de la muerte y la destrucción, y sólo esperaban poder volver algún día a sus casas, si es que todavía quedaba algo.

El punto de encuentro era un gran hotel de hormigón que hacía la función de comedor comunitario. El cocinero me invitó a compartir con ellos el almuerzo mientras llegaba alguien de Suncokret. La sala estaba llena de mujeres y niños –apenas había hombres– que comían en silencio.

Estaba engullendo una sopa espesa con un chusco de pan, cuando una chica pelirroja se sentó delante de mí:

—Hola, ¿eres Francesc?

Asentí con la cabeza porque tenía la boca llena. Entonces ella adoptó una pose formal y dijo:

—Me llamo Angela, y soy la colíder de Suncokret en la isla.

—¿Colíder?

—Eso mismo. Quiere decir que el liderazgo es compartido entre la organización y los cooperantes como tú.

Terminado el almuerzo, la colíder me acompañó hasta la que sería mi habitación. Estaba en un pequeño hotel a ras de playa, como todos los otros. No tenía mal aspecto a primera vista: lavabo y ducha propia, dos camas con mesita de noche, vista al mar.

—Compartirás la habitación con Jesper, un danés –me anunció Angela–. Ahora está trabajando en el parvulario. Tú puedes incorporarte mañana.

Haciéndome la ilusión de que estaba de vacaciones y no en un campo de refugiados, me dejé caer sobre la cama. Leería unas páginas antes de dormir. Había llevado la traducción del *Most na Drina* (*Un puente sobre el Drina*), del premio Nobel serbio Ivo Andrić. La novela abraza cuatro siglos de historia a través de un puente sobre el río que separa Bosnia de Serbia.

Sin darme cuenta, me quedé dormido. Cuando me desperté, avanzada la tarde, una pila de ropa sobre la otra cama revelaba que el danés había venido y se había vuelto a marchar.

Me estaba ya levantando, cuando llamaron a la puerta. Detrás encontré a un chico menudo y rapado con gafas redondas.

—¿Eres Jesper? –le pregunté.

—¿Hago pinta de danés?

—La verdad es que no.

—Me llamo Mario. Soy de Split y trabajo con vosotros en el Papagai.

—¿Papagai? ¿Qué es el Papagai?

—La guardería de los refugiados. Antes era una discoteca; todavía está el rótulo. Aquí todo es un poco surrealista.

Me pidió que lo acompañase al comedor, donde nos sirvieron para cenar la misma sopa de la comida. La sala estaba a rebosar de refugiados que sorbían el plato con parsimonia. Me dirigí a Mario:

—Entonces, ¿tú eres educador?

—Soy una cosa rara. Como estoy en paro, el gobierno croata me ha enviado aquí a cambio de un sueldo ridículo. No me llega ni para tabaco.

—¿Ya habías trabajado con niños?

—Había hecho de *boy scout* cuando esto era Yugoslavia. Conozco algunos juegos.

74

Era bastante tarde cuando retomé el camino hacia mi hotel. La noche había refrescado; debíamos de rondar los cero grados.

Por la luz que salía de debajo de la puerta, supe que mi compañero de habitación ya había llegado. Me lo encontré metido dentro de la cama. Era un tipo rubio de unos treinta y cinco años con la voz muy gruesa. Como la mayoría de los escandinavos, hablaba inglés casi sin acento:

—¡Ey, hola! Tenía curiosidad por saber quién eres.

—Yo también —le dije mientras me preparaba para meterme en la cama.

—Esta isla es un lugar dantesco. Playa y refugiados no es una combinación muy habitual. Por cierto, ¿cómo es que has venido?

—Me enviaron, por decirlo de algún modo... ¿Y tú?

—Leí en el periódico que buscaban voluntarios para el campo de refugiados y me inscribí de inmediato.

—¿Y eso por qué?

—Es una experiencia histórica. Si algún día tenemos nietos, les podremos decir que estuvimos en la guerra de Yugoslavia.

Apagué la luz de mi mesita de noche y él hizo lo mismo con la suya.

Dormí de un tirón bajo tres mantas, ya que aquellos hoteles estaban concebidos para el verano. No contaban con ninguna clase de calefacción.

A la mañana siguiente, tras un desayuno frugal con Jesper y Mario, los tres nos dirigimos hacia lo que había sido la discoteca Papagai. Mientras caminábamos bajo el sol de invierno, de repente me sentí muy afortunado.

No llevaba ni un día en Brač y ya había hecho dos amistades. Nos acabábamos de conocer, pero sospechaba que habría mucho que compartir. Ya no me sentía forastero en una tierra extraña, porque la patria de un hombre son sus amigos.

Mientras pensaba en todo esto, llegamos al local destartalado que servía de parvulario. Delante de la puerta cerrada nos esperaban no menos de veinte niños entre cinco y doce años, algunos incluso más mayores. Nos saludaron con un efusivo *Dobar dan!* (buenos días), y cuando Mario abrió la puerta entraron en tromba para apropiarse de las mejores mesas.

Aquélla era una tarea bastante agradable, aunque me daba cuenta de que necesitaría estudiar un poco de serbocroata, que ellos denominaban *bosanski*. Pasamos la mañana haciendo un gran collage, y después un taller de plastilina que acabó con una batalla campal de pelotas de colores.

A primera vista, eran niños y niñas iguales a los de Barcelona o cualquier otro lugar. Quizás un poco más afectuosos y llorones. En cuanto a su apariencia, la única diferencia era la fisonomía eslava de algunos —rubios de piel muy clara— y la ropa sencilla y apedazada.

Hacia el mediodía se incorporó una cooperante alemana que llevaba un carpesano con actividades. Aproveché para dar un paseo por la amplia sala. Las paredes estaban cubiertas de dibujos, la mayoría de ellos alusivos a la guerra. También había algunos con la flor de lis del escudo de Bosnia y el nombre de la ciudad del dibujante: Gorazde, Zepa, Srebrenica, Sarajevo… a menudo en llamas.

Media hora antes de comer, Mario, que era el único que hablaba el idioma, les dijo que haríamos un juego al aire libre: *kineski i japanski* (chinos y japoneses). Los niños saltaron de alegría al escuchar la noticia y salieron a ocupar posiciones en una explanada cercana al Papagai.

El juego era muy sencillo. Se dividía el grupo en dos equipos separados unos diez metros entre sí: chinos y japoneses. Entonces el monitor iba contando y los dos equipos se acercaban entre sí paso a paso. Cuando ya estaban muy próximos, el monitor gritaba, por ejemplo, «*kineski!*», y los chinos volvían corriendo hacia su posición, mientras los japoneses los perseguían. Cuando atrapaban a un chino, éste pasaba a engrosar el grupo de los japoneses. Y así hasta el que el último de los chinos –o japoneses– era cazado.

A nuestros alumnos del Papagai les encantaba aquel juego, y se lanzaban los unos sobre los otros con gritos de emoción. En la tercera ronda, sin embargo, la cooperante alemana, que tendría unos treinta años, nos interrumpió dosier en mano.

—Disculpad, tengo que haceros una observación. Creo que esto de enfrentar a dos nacionalidades no es nada pedagógico, sobre todo teniendo en cuenta dónde estamos. Propongo introducir un pequeño cambio en el juego. ¿Qué os parece «ratones contra conejos»?

75

El trabajo acababa cada día sobre las cinco de la tarde. Hasta la cena nos quedaban un par de horas muertas, que aprovechábamos para pasear por el pueblo o leer.

A menudo, los padres de los niños nos invitaban a tomar café en su habitación de hotel. Ésta es una costumbre muy arraigada en los Balcanes, especialmente en Bosnia. Aunque el café tenía un precio prohibitivo para ellos, se notaba que disfrutaban invitando a los extranjeros. Creo que aquello les permitía alimentar la ilusión de una cierta normalidad.

Jesper y yo éramos un dúo clásico en esta clase de reuniones. La mujer de la casa nos servía una tacita de café turco, es decir, una infusión espesa con un dedo de café sólido al fondo. Si bebías demasiado rápido, te quedabas con los labios llenos de marro.

También te ofrecían un platito de galletas, pero el protocolo obligaba a rechazarlas, porque los refugiados no tenían dinero para comprar más.

Más complicada era la conversación. Como muchos de ellos eran campesinos u obreros, no sabían inglés y teníamos que improvisar algunas frases en *bosanski*. Enseguida aprendimos los rudimentos para mantener un mínimo diálogo: saludos, nombre, edad, procedencia, oficio… Donde se acababan las palabras empezaba la mímica, como en los juegos de adivinar películas.

Solíamos decir: *Ah, da! Razumjem* (comprendo), aunque la verdad es que no entendíamos nada de nada.

La despedida era siempre cálida y los anfitriones nos pedían que los visitásemos en otra ocasión. Eso no sucedió nunca, porque teníamos comprometida la tarde siguiente con otra familia que nos había reclamado.

A veces pienso que, más que el trabajo en el parvulario, nuestra verdadera misión fue tomar café en casa de los refugiados. Además de hospitalidad, aquello implicaba escuchar, una tarde tras otra, todas las desgracias imaginables: hermanos muertos, hijos desaparecidos, casas calcinadas… En cualquier caso, les sentaba bien tenernos como invitados de piedra y lo hacíamos de todo corazón.

En el gigantesco campo de refugiados en el que se había convertido la isla llamaba la atención la escasez de hombres jóvenes. Casi todo eran mujeres, abuelos y niños, ya que los hombres en edad útil combatían en los frentes que tenía abiertos la *armija*, el ejército bosnio. Y no eran pocos.

Quedaban excluidos los que, a causa de los traumas de guerra, estaban demasiado locos para llevar armas. Cada dos por tres se escuchaban historias de perturbados que la liaban parda. En Zadar, por ejemplo, un desequilibrado había ametrallado a todos los clientes de la barra de un bar.

De vez en cuando, los soldados obtenían un permiso y venían a ver a su familia al campo de refugiados. Eran escenas impactantes: los veías llegar exultantes, con el uniforme y el petate, y se abrazaban a la mujer y a los hijos que saltaban de alegría; pero también los veías cuando tenían que volver al frente, todos llorando porque nunca se sabía si habría una próxima vez.

En la comunidad de Supetar había un soldado al que todos llamaban *Terminator*. Por algún extraño motivo, éste tenía permisos cada dos por tres. Llegué a dudar que viniese del frente. Quizás era un simple estraperlista, que iba a Split a hacer negocios sucios. Pero el caso es que siempre vestía de militar, y cada vez que se cruzaba con nosotros nos comunicaba el número de *chetniks* (milicianos serbios) que, según él, había abatido.

Todo seguía un ritual prefijado. Si nos veía desde lejos, levantaba la mano para que nos detuviésemos. Entonces venía hacia nosotros y se nos quedaba mirando muy fijamente. Poco a poco, en su cara se dibujaba una sonrisa; finalmente, sin intercambiar palabra alguna, nos hacía saber con los dedos de la mano el número de bajas que había causado él solo. Aunque no nos creíamos nada, hacíamos cara de estar muy impresionados.

El *Terminator*, entonces, se despedía de manera militar y proseguía su camino silbando.

76

Mi compañero de habitación se reveló como un excelente contador de historias. Tenía la voz clara y precisa de los locutores y, además de dominar las inflexiones, sabía cómo hacer las pausas justas para añadirle más emoción al relato.

Cada noche, con las luces ya apagadas, nos explicábamos todo aquello que pasaba por nuestra cabeza. Pero reconozco que él tenía una maestría muy superior a la mía. De todas las historias que escuché bajo las mantas, recuerdo una en particular. Era un episodio que había vivido con su padre.

En la oscuridad de nuestra habitación, cada uno desde su cama, lo explicó así:

—Esto del azar es una cosa que siempre me ha preocupado. Sobre todo, desde la muerte de mi padre. Pero déjame que te explique la cosa desde el principio.

»Hacía tiempo que mi padre estaba ingresado en el hospital con una enfermedad terminal. Yo le iba a ver cada tarde, aunque llevaba bastante vivienda con mi novia.

»Bueno, el caso es que hacía un mes que yo me había suscrito a una colección de libros esotéricos que anunciaban en el periódico. Y ahora me dirás, ¿qué tiene que ver esto con mi padre y la chica? Pues sí que tiene que ver: presta atención y verás cómo voy atando cabos.

»Cuando recibí el primer libro de la colección, que iba sobre OVNIS, recuerdo que no me interesó. Enseguida me arrepentí de haberme suscrito, pero como el contrato decía que en cualquier momento podía cancelar la suscripción, llamé a la editorial para que no me enviasen ningún libro más. El comercial me dijo que no me preocupase, que había tomado nota y que así sería.

»Tres días más tarde recibí un paquete con el segundo título de la colección, cuidadosamente embalado. Primero me enfadé mucho, pero luego pensé que seguramente lo habrían enviado antes de mi llamada.

»De todos modos, a la mañana siguiente me llevé el paquete. Pensaba devolverlo a la editorial, ya que me quedaba de camino al trabajo. Pero justamente aquella mañana se había producido un accidente y tuve que tomar una ruta alternativa. Por lo tanto, no pude pasar por la editorial y el paquete se quedó allí, sobre el asiento del copiloto.

»Al mediodía, mi novia me llamó. Me pedía el coche para ir a buscar un mueble a medida que había encargado. Le dije que se pasase por la oficina a buscar las llaves. Yo iría a casa en autobús.

»Cuando volví a nuestro apartamento, el paquete estaba nuevamente en la mesita del salón. Yo no entendía qué hacía allí. Empezaba a pensar que todo aquello era cosa de brujería. Pero mi novia me dijo que, sencillamente, lo había cogido del coche porque pensaba que me lo había olvidado. "No pasa nada –le dije–. Mañana ya devolveré el maldito libro a la editorial".

»A todo eso, hacia las once de la noche sonó el teléfono, y un médico me dijo que mi padre se estaba muriendo. Era probable que no pasase de aquella misma noche.

»Salí lleno de ansiedad. Como no sabía cómo iba a evolucionar la cosa, me llevé en el último momento la agenda por si tenía que anular las citas laborales del día siguiente.

»Ya en el coche, de camino al hospital me empecé a angustiar de verdad. Aunque sabía que mi padre no tenía curación, no me esperaba un final tan inmediato. Y, lo que era peor, el médico me había dicho que el hombre estaba plenamente consciente. Por lo tanto, tendría que decirle algo, consolarlo o qué sé yo. Pero la verdad es que no sabía cómo hacerlo. Nos enseñan a querer a nuestros padres, pero no a despedirlos cuando se están muriendo.

»Hecho un manojo de nervios, subí las escaleras del hospital de tres en tres. Estaba tan alterado que no me atrevía ni a tomar el ascensor. Una vez en la habitación, me calmé un poco al ver que mi padre dormía. Tras darle un beso en la frente, me senté en el sofá para tratar de recuperar la calma. Tenía que pensar cómo iba a enfocar la situación cuando se despertara, qué hacer, qué decir…

»El reloj marcaba las once y veinte. A pesar de ser muy tarde para una ciudad como Copenhague, pensé que no era descabellado llamar a casa de mi secretaria para ponerla al corriente de la situación. Pero no lo pude hacer, porque con los nervios me había confundido y en lugar de mi agenda había cogido el paquete de las narices. Era la tercera vez que llegaba a mis manos sin yo desearlo. ¿Tenía aquello un significado? La respuesta es "Sí".

»Hacia la una de la noche, como no lograba dormirme, pensé en abrir el paquete. Al menos me entretendría tener algo que leer. Debajo del embalaje me esperaba un libro con el siguiente título: *Vida después de la muerte*.

»Me quedé de piedra. Pero el caso es que empecé a leerlo y debo confesarlo: me ayudó a aclarar dudas y a superar algunos miedos. Cuando mi padre se despertó, hacia las tres de la madrugada, yo me sentía más preparado y le pude reconfortar. Murió una hora después.

77

Tras una semana trabajando en el Papagai, la discoteca reconvertida en *Kindergarten*, la colíder nos informó de que seríamos transferidos a otros campos donde no había aún educadores, si es que se nos podía llamar así.

Jesper fue enviado de inmediato a Bol en un autobús, mientras que yo me quedaría todavía en la capital para ir por la mañana a Split, donde tenía que ayudar a una fundación alemana. No me especificaron en qué.

Era ya de noche y no llevaba ni una hora solo en la habitación, cuando llamaron a la puerta. Salté de la cama. Esta vez era la colíder, y venía acompañada de un joven asustadizo con gafas de culo de botella.

—Te tengo que pedir un favor –dijo ella–. Éste es René, que regresa a su país ya mañana. Ahora mismo no hay ninguna habitación libre. ¿Te importa si duerme aquí esta noche?

—En absoluto.

El tal René, que era belga, me agradeció la deferencia, como si yo tuviese algún derecho adquirido sobre la habitación del hotel.

Aquella noche Mario había organizado un encuentro en un bar del puerto. Decía que vendrían «auténticos dálmatas». Por simple educación, le pregunté al belga si se quería apuntar.

—Con mucho gusto –dijo.

René resultó ser un chico muy silencioso. Durante todo el camino hasta el puerto prácticamente no abrió la boca. Solamente dijo que había realizado un informe para una ONG de Lieja, y que al día siguiente empezaba su viaje de vuelta a Bélgica.

El encuentro con Mario resultó ser una reunión de borrachos. Había un tipo curioso que explicó que el dálmata había sido una lengua románica más, pero que la última persona que lo hablaba había muerto en 1898. Pensé que al catalán podía sucederle lo mismo en uno o dos siglos.

Lo último que recuerdo es una chica del bar que se puso a cantar a grito pelado mientras rascaba la guitarra.

Cuando me sentía ya muy cargado de alcohol, me levanté de la mesa casi sin despedirme del grupo. A duras penas me percaté de que el belga me acompañaba.

El viento gélido me reavivó, y pude cubrir la distancia hasta el hotel con bastante dignidad. Por el camino mantuvimos una conversación intrascendente para mantenernos despiertos.

Nada más entrar en la habitación, me hundí bajo las mantas y ya no me moví de allí. El sueño me cayó encima como un telón.

Por la mañana, al sonar el despertador, vi que el belga ya se había ido. Su equipaje tampoco estaba, así que supuse que ya estaría fuera de la isla. No nos habíamos despedido, pero tal vez era una formalidad innecesaria.

Como la cabeza me seguía dando vueltas y al cabo de una hora tenía que partir hacia Split, decidí meterme bajo la ducha. Entonces llegó la sorpresa. Al abrir la puerta del baño, vi una tableta de chocolate pegada al espejo. Bajo la cinta adhesiva también había un papel doblado en dos. Sin entender el sentido de todo aquello, desplegué el papel. La nota decía lo siguiente:

Querido Francesc,

Gracias por acogerme aquí y por tu amabilidad ayer por la noche. Hacía años que no me lo pasaba tan bien. Cuesta mucho encontrar a personas que sepan escuchar y que se preocupen por los demás. Yo he tenido la suerte de encontrar a una de ellas.

Acepta este chocolate como prueba de mi gratitud.

Un amigo que te recordará,

René

78

Los tres alemanes a los que yo y Mario debíamos acompañar a Split habían llegado en furgoneta, tras recaudar el equivalente a dos mil euros en una organización de evangélicos socialistas.

—Al menos no nos sucederá como el último año en Rusia –dijo uno de ellos.

—¿Qué pasó? –pregunté con curiosidad.

—Tras la caída del muro, pensamos que en algunos lugares de Rusia había necesidad. Se acercaba el invierno, así que hicimos una campaña para recoger ropa usada hasta llenar toda la furgoneta. A principios de enero, como ahora, nos pusimos los tres en ruta para regalar la ropa donde la necesitasen, y ayudar en todo lo que hiciese falta.

—¿Y cómo fue?

—¡Desastroso! Nadie quería la ropa vieja ni ayuda de ningún tipo. Estuvimos rebotando de una ciudad a otra sin parar. Nos echaban de todas partes porque decían que molestábamos. En total estuvimos once días buscando un lugar donde aceptasen nuestra ayuda. Al final, el pope de una pequeña iglesia se quedó con nuestra ropa por compasión. Nos ofreció cama y comida, y al día siguiente nos echó a la calle.

Los alemanes solidarios, dos tipos con perilla y gafitas y la chica que nos había reprendido en el Papagai, ya habían decidido a qué se destinarían los dos mil euros: ropa interior para las refugiadas de Brač.

Cuando Mario y yo lo escuchamos, nos quedamos asombrados. ¿Qué les hacía pensar que la prioridad n.º 1 era la ropa interior? ¿No era mejor preguntarles lo que querían? ¿Por qué no repartir el dinero directamente? Al fin y al cabo, cada cual sabe sus necesidades.

—Ni hablar –dijo la alemana–. Les queremos dar algo concreto, aunque sólo sea un par de bragas a cada mujer.

—Muy bien –dijo la colíder, que había asistido a la reunión–, pero que os acompañe una refugiada para escoger lo que más convenga.

La adquisición de aquellas prendas en Split fue todo un alboroto. Los alemanes no se ponían de acuerdo en el modelo de las prendas. Por otro lado, como comprábamos en un mercado al aire libre, ningún vendedor nos podía servir la cantidad de piezas que necesitábamos.

Finalmente se optó por repartir el dinero entre todos para agilizar las compras. Yo iba por las paradas con un montón de billetes comprando a lo loco todas las bragas disponibles, que iba metiendo en una enorme bolsa.

En un momento de aquella locura, me fijé en unos soldados de negro que estaban charlando en la puerta de un restaurante.

—Son *ustachas* –me explicó Mario bajando la voz–. Unos verdaderos criminales: cuando entran en un pueblo no dejan a nadie con vida, ni siquiera a los niños.

Antes de abandonar la ciudad, visitamos un campo de refugiados en Split más que miserable. Gestionado con muy pocos recursos por la Cruz Roja italiana, miles de personas vivían en tiendas sacudidas por el viento y las tormentas. Cocinaban a la intemperie en pequeños hornillos, entre ropa tendida y niños mal vestidos revolcándose en el barro.

Éste es un consuelo tan humano como mezquino: siempre hay alguien que está peor. En comparación con ese panorama, en nuestra isla se vivía en la opulencia.

De regreso a Brač, repartimos la ropa interior habitación por habitación, para sorpresa de las mujeres bosnias y sofoco de Mario y mío, mensajeros involuntarios de aquella idea disparatada.

La reacción de las refugiadas al abrir los paquetes cubría un amplio espectro: podía ir del pasmo al agradecimiento, pasando por la vergüenza y –en algunos casos– la irritación. Algunas mujeres interpretaban aquel gesto como una indirecta de que iban sucias y tenían que cambiarse las bragas.

Tras esta misión para olvidar, fui enviado a Bol, donde mi amigo danés ya estaba en otro enorme campo de refugiados. Allí seguimos trabajando en la guardería hasta que llegó nuestro reemplazo y nos instaron a marcharnos.

Celebramos una despedida íntima en el bar de Supetar. Luego dejé aquel pequeño mundo con gran pesar.

Al subir al ferry, me sentía como si hubiese estado meses –años incluso– en la isla. Había conocido a personas entrañables y, más allá de mi modesta labor, recogido un puñado de momentos para la posteridad.

Me llevaba todo eso, además de mi admiración hacia estas personas que, con un pasado de tierra quemada y un futuro gris ceniza, todavía son capaces de regalarte una sonrisa e invitarte a un café. Son éstos, y no los soldados, los verdaderos héroes de guerra.

79

Gracias por acompañarme a lo largo de diez capítulos en esta aventura que supondría un antes y un después.

Lo malo de los viajes transformadores es que luego hay que volver. En el Monomito que vimos anteriormente, hay una etapa denominada *La negativa a regresar*. Tras haber encontrado la felicidad y la iluminación en el otro mundo, el héroe no quiere volver al mundo ordinario.

En ese punto me hallaba yo al regresar a una ciudad y una vida que ya no significaban nada para mí. Era sólo la sala de espera del próximo movimiento, de algo nuevo que aún no sabía qué era.

Mientras decidía qué hacer, en una escuela por la que había pasado años atrás me pidieron si podía hacer «tándem» —es decir, intercambio de idiomas— con sus alumnos alemanes llegados a Barcelona.

Como no podía ir a la facultad porque estaba de año sabático, acepté el plan para ocupar algunas tardes.

Me asignaron una chica, Viktoria, que tendría mi edad por aquel entonces. Me dijeron que debía encontrarme con ella en un determinado café y fui hacia allí con la idea de adquirir más fluidez si en algún momento me trasladaba a Alemania.

La reconocí enseguida, porque era muy rubia y llevaba trenzas. Cuando me senté delante de ella a tomar café, me miró horrorizada.

Yo no entendí su reacción, pero me esforcé en estructurar mi alemán para presentarme y preguntarle por su vida en Barcelona. Se dice que los alemanes saben escuchar, pero tal vez sea porque muchas veces el verbo va al final y sólo entonces se comprende el sentido de la frase.

En cualquier caso, al final de la hora de conversación, Vicky pareció relajarse.

Quedamos muchas veces más a lo largo de aquel curso y llegamos a ser buenos amigos. Una noche que estábamos bebiendo cerveza –en este punto se hablaba ya sólo en castellano–, le pregunté por qué se había asustado tanto la primera vez que habíamos quedado. Su respuesta me dejó de cuadros.

—Eres casi idéntico a un tipo que nos hizo pasar una tarde terrorífica a mí y a una amiga en París.

A continuación, me contó la historia. Al parecer, ella y su amiga estaban en la capital francesa de vacaciones y conocieron a un chico que era mi doble. Muy dicharachero, las invitó aquella misma tarde a tomar el té con él en una cabaña que tenía en el Bois de Boulogne, un bosque a las afueras de la ciudad.

Confiadas, acudieron a la cita y estuvieron varias horas charlando dentro de la cabaña sobre toda clase de cosas. Cuando empezó a oscurecer, Viktoria dijo que era hora de irse, pero el anfitrión insistía en que se quedaran un poco más. Discutieron varias veces sobre eso hasta que las chicas se levantaron y fueron hacia la puerta. Entonces descubrieron que estaba cerrada con llave.

La situación degeneró en una guerra de nervios. Las chicas gritaban e imploraban que las dejara salir, a la vez que el francés fumaba un cigarrillo tras otro mientras se negaba a abrir la puerta. Finalmente, consiguieron que les dijera dónde estaba la llave. La amiga de Viktoria la tomó de un cajón y, mientras la hacía girar en el cerrojo para abrir, el anfitrión le apagó brutalmente un cigarrillo en la mano.

Un segundo después, huyeron despavoridas a través del bosque.

80

Mientras tanto, mi año viajero se había limitado a aquella estancia como cooperante en el campo de refugiados. La opción norteamericana no había prosperado y yo me sentía demasiado confundido para tomar una nueva dirección.

Entre los empleos que tuve o quise tener por aquella época, hubo uno que merece ser contado. Hacia el mes de junio, un amigo me recomendó que me pusiese en contacto con la empresa que gestionaba la recogida de basuras en Barcelona. Me dijo que pagaban bien y que durante los meses de verano contrataban a estudiantes. De hecho, él lo había hecho durante las Olimpiadas y no le había ido mal.

Siguiendo su consejo, llamé al número que me había dado. Me citaron en las oficinas del INEM, donde supe que antes de firmar el contrato de tres meses tendría que hacer un cursillo.

—¿Un cursillo de qué? –pregunté.

—De barrendero. Dura veinte horas y se hace en la sede de la empresa en Vallcarca. Después firmarás el contrato.

—¿Seguro que tendré trabajo después del cursillo?

—Va por riguroso orden –me dijo el funcionario–. Hay ochenta plazas y tú eres el solicitante número sesenta y ocho. No tienes de qué preocuparte.

Me levanté tres días a las siete de la mañana para asistir a aquel curso, que constaba de un día de teoría y dos de prácticas.

La parte teórica consistía en unas charlas en una pequeña aula. Allí nos habíamos congregado un grupo de veinte personas de lo más heterogéneo. Sólo nos unía nuestra falta de perspectivas laborales.

Tras una sesión sobre seguridad e higiene, un veterano de la limpieza nos hizo una especie de decálogo del buen barrendero. Nos ponía como ejemplo a no seguir un empleado que recientemente había sido despedido. Un control reveló que el hombre se tomaba un sol y sombra en cada bar de su itinerario, llegando a un total de quince combinados de anís y coñac a lo largo de la mañana.

—Como podéis imaginar –dijo–, su zona no era de las más limpias.

El primer día del curso acabó con una serie de exámenes de lógica y cultura general. Mi compañero de mesa no sabía escribir, y tuve que ayudarle a rellenar la hoja a escondidas. Era como volver a la primaria veinte años después.

El segundo día nos aguardaba un instructor para hacer prácticas sin escoba. Los veinte seguimos –mapa en mano– la ruta de un barrendero a tiempo real, excluyendo las paradas en los bares.

El tercer día repetimos la misma ruta con una escoba para los veinte. Mientras barríamos por turnos, el instructor tomaba notas en una hoja de control.

Finalizado el curso, a pesar de ser el número sesenta y ocho de ochenta plazas, no fui aceptado. Quizás no había barrido lo suficientemente bien, o tal vez había sacado demasiados puntos en el examen. Quién sabe. El caso es que la contratación se cerró sin que yo recibiese ningún aviso para incorporarme.

Tenía, eso sí, un curso de barrendero a mis espaldas. La verdad es que no me supo demasiado mal. Aquella escoba de hierro pesaba como un muerto.

81

Mientras yo era rechazado incluso para barrer las calles, mi padre sorprendió a todo el mundo, incluida su propia familia, quedando finalista de un premio literario.

Siempre había escrito cosas cortas, especialmente poesía, pero yo no tenía la menor idea de que preparaba una novela. Que eligiera además el género juvenil, habiendo sido tan distante con sus hijos, era casi irónico.

Gran apasionado de Sherlock Holmes, mi padre lo hizo protagonista de su ópera prima *Elemental, querido Watson*, que obtuvo esa distinción en el premio Joaquim Ruyra, del que muchos años después yo sería jurado.

En la novela, los protagonistas de Arthur Conan Doyle tratan de esclarecer el asesinato del General Prim. No sólo se publicó, destacando en portada su condición de finalista, sino que tuvo un éxito inesperado. Se reeditó enseguida en catalán, su lengua original, y enseguida fue traducida y publicada en castellano, vasco y gallego.

Reservado y discreto en extremo, mi padre no cabía de felicidad, pero no lo mostraba. Aunque nuestra relación fuera distante, yo me alegré mucho por él y me encantó leer aquella aventura que había confeccionado tan secretamente. La novela estaba muy bien hecha y recuerdo que le felicité.

Por primera vez en su vida, además, le llamaron de una radio para hacerle una entrevista. Era un programa con mucha audiencia.

Yo estaba en mi minúsculo cuarto, pensando qué hacer con mi vida, cuando mi padre entró muy nervioso. Tras tenderme un casete virgen, me pidió:

—Necesito que me hagas un favor. De aquí una hora, saldré en directo en la radio. ¿Puedes grabar la entrevista?

—¡Cuenta con ello! ¿Estás contento?

Antes de marcharse, por toda respuesta se limitó a decir:

—He pedido las preguntas de antemano.

Yo me quedé expectante delante de mi radiocasete, con la cinta a punto para cuando fuera el momento de grabar. Dejé la emisora puesta mientras miraba fotos de viajes o hacia cualquier otra cosa, pendiente del momento en el que mi padre haría la primera entrevista de su vida. Creo que también fue la última.

Nada más empezar, le di al REC y crucé los dedos para que todo saliera bien. El locutor felicitó a mi padre por la distinción del premio y el éxito obtenido. Acto seguido, empezó a hacerle las preguntas que él ya conocía.

Para mi turbación, después de cada pregunta escuché cómo mi padre recitaba con tono monocorde una respuesta aprendida de memoria. No hay nada malo en preparar una entrevista, pero las intervenciones de mi padre sonaban como un niño de la época franquista recitando la tabla de multiplicar.

Los silencios elocuentes del locutor expresaban su desconcierto. Tampoco yo le comenté mis impresiones cuando Marcel regresó a casa, aliviado, y le entregué la cinta grabada.

Animado por aquel inicio prometedor, mi padre escribió una segunda novela que ya no tuvo ningún éxito. Luego hizo una tercera aún peor que los editores no quisieron publicar y que, al final, tuvo que pagar de su bolsillo para que viera la luz.

El tema me dejó pasmado. Se llamaba *Los niños de Sarajevo* y trataba de aquel mundo que yo conocía de primera mano y al que, como veremos más adelante, acabé regresando para una larga temporada.

Marcel jamás me había preguntado por mis experiencias allí, y mucho menos por los niños bosnios que tuve en los distintos *Kindergarten*. Contaba en casa con una fuente de primera mano que le podría haber dicho cómo vestían y pensaban aquellos niños, cuáles eran sus juegos, su lenguaje, sus impresiones de la guerra.

Mientras decidía escribir aquella tercera novela, nunca me hizo una sola consulta. Reconozco que eso me ofendió.

Cuando finalmente tuve en las manos aquella edición pagada, vi que la novela estaba llena de tópicos a partir de lo que mi padre había visto en las noticias. No tenía nada que ver con la realidad de los niños en la guerra de los Balcanes.

Si olvidamos todo esto, el proceso que vivió Marcel es común a muchos autores que comienzan con un golpe de fortuna. En el mundo del pop, se llama *one hit wonder*. La suerte del principiante es una ventaja siempre que no creas que *ya has llegado*. Ésa es una de las trampas del éxito.

A veces un autor vierte en su primera obra su gran historia, algo que lleva tiempo madurando, tal vez toda una vida. Si su debut es bien acogido, la persona se ve impelida a repetir el éxito. Sin la larga maceración que llevó a la primera, se apresura a escribir una segunda obra que acaba siendo muy inferior y pasa sin pena ni gloria.

En música, nuevamente, esto se llama el *síndrome del segundo disco*.

Siguiendo esta bajada a los infiernos, es común que la tercera obra obtenga menos éxito aún que la segunda, como fue el caso de mi padre, que ya no escribiría más. Eso sí, siguió contestando cartas a una fiel admiradora con la que mantenía correspondencia.

Esta historia es tan singular que merece un capítulo aparte.

82

Tras publicar su primera novela, mi padre empezó a recibir cartas de una lectora muy joven que se declaraba fan suya.

Su talante amable hizo que él siempre le contestara a vuelta de correo con misivas igual de extensas, a veces de varios folios. Aquella amistad epistolar se prolongó a lo largo de los años, hasta la muerte de mi padre.

Saltemos ahora más de una década después de eso.

Hacía tiempo que yo me dedicaba a toda clase de tareas editoriales, desde escribir libros a corregirlos, además de dar clases y talleres. Esto último jamás lo habría hecho si no me hubiera animado mi buena amiga Silvia Adela Kohan, de quien ya he hablado. Ella me propuso que impartiéramos seminarios juntos. Solían ser intensivos de ocho horas un sábado.

Silvia llevaba muchos años en el mundo de la formación, así que la mayoría de alumnos venían por parte de ella. Otros eran escritores que interactuaban a menudo en mis redes, o bien que venían recomendados por parte de algún amigo.

Dentro de los grupos de diez que suelen conformar estos *workshops*, sin embargo, siempre hay algún paracaidista. Alguien a quien no sabes cómo le ha llegado nuestro anuncio.

En uno de mis primeros talleres, el paracaidista era una chica morena de unos veinticinco años que siguió el curso con gran atención, trabajando escrupulosamente en cada ejercicio.

Nadie la conocía ni sabía de dónde había salido.

Al terminar el taller, mientras yo despedía a todo el mundo en la puerta, la chica misteriosa se acercó y me soltó:

—Quiero decirte que soy la niña que se escribía con tu padre. Después de pasar ocho horas aquí, ahora sé que no tienes nada que ver con él.

83

La llegada de la carta para realizar la PSS (Prestación Social Sustitutoria), que por aquel entonces duraba trece meses, me sacó de la parálisis que arrastraba desde que había regresado de los Balcanes.

Empecé mi servicio en la facultad de Derecho, en la Diagonal de Barcelona, con la misión de ayudar a los estudiantes extranjeros del programa Erasmus. Por ley estaba obligado a acudir allí de 8:00 a 15:00 a cambio de nada.

Al principio me gustaba y lo llevaba bien, pero llegó un momento en el que la cosa se torció.

La tarea social —base de la PSS— sólo representaba dos horas diarias: las que trabajaba en una oficina para atender las dudas de los estudiantes Erasmus. Las otras cinco horas me tenía que pudrir en el despacho de un departamento de Derecho, aburriéndome y removiendo archivos que me la traían floja.

Eso era trabajo para un becario del departamento, no para un objetor que se había negado a hacer el servicio militar y que daba un servicio a la comunidad.

Lo que me hacía sentir aún más pringado era que conocía a los otros dos objetores que trabajaban en la facultad. Sabía por ellos que sólo iban un par de horas al día para cubrir el expediente. Sus superiores se hacían cargo de la situación y firmaban el boletín de control con los ojos cerrados.

Yo no entendía por qué tenía que enterrarme siete horas en un despacho si los otros ya cumplían haciendo sólo dos.

Indignado por el agravio comparativo, decidí hacer justicia por mi cuenta, retrasando cada vez más la hora de llegada. Una mañana llegué a las nueve, la segunda a las nueve y media, la tercera a las diez.

Mi impunidad acabó el día en que la catedrática que tenía autoridad sobre mí me pilló llegando al despacho casi al mediodía.

Antes de que pudiese abrir la boca, me soltó una bronca monumental que repliqué con mis argumentos. Le dije que yo no tenía por qué hacer un trabajo administrativo que no me correspondía. Se notaba que no estaba acostumbrada a que la contradijesen y aquello se saldó con un portazo.

Me había metido en la boca del lobo. ¿Quién mejor para buscarte las cosquillas —y enviarte a hacer compañía a los insumisos de la cárcel Modelo— que una catedrática de derecho?

Tras aquel encontronazo quedó claro que en cualquier momento me podía caer encima todo el peso de la ley. De hecho, nunca más intercambié una sola palabra con la catedrática. Respeté temporalmente el horario, pero pronto, por pura desidia, volví a la situación inicial. Tan sólo quedaba saber cuándo llegaría el golpe de gracia.

Durante aquellas semanas angustiosas, un libro de ochocientas páginas fue mi faro en mitad de la tiniebla.

Se trataba de *El mago* de John Fowles, una novela iniciática sobre un profesor de inglés que es contratado en una isla griega. Allí le aguarda un hombre misterioso al que todos llaman «el mago», y que le pondrá a prueba a través de un juego sin límites.

El primer contacto del profesor con el mago se produce en una playa donde este último ha abandonado un libro deliberadamente. Su propietario no ha escrito su nombre en el libro, pero ha insertado unas cuantas tiras de papel, cuidadosamente cortadas.

La primera marca una página en la que cuatro versos han sido subrayados con tinta roja. Son de «Little Gidding«, un poema de T. S. Eliot:

No dejaremos de explorar
Y el fin de nuestras exploraciones
Será la llegada al punto de partida
Donde conoceremos aquel lugar por primera vez.

La historia me fascinó por su condición de thriller psicológico, erótico y filosófico. De hecho, me tenía tan atrapado que a menudo, al volver de la facultad de Derecho, me pasaba varias paradas de autobús. Además de trasladarme a un mundo más cálido y sugerente, de *El mago* aprendí, y no lo he olvidado nunca desde entonces, que si no te gusta tu realidad puedes construir una nueva.

Fue una bendición que este libro llegase a mis manos justo entonces. Pero hubo otra aún mayor que permitió resolver el peligroso lío en el que estaba.

84

Sentía que me había metido yo solito en un túnel muy oscuro cuando, de repente, se hizo la luz.

Fue acompañando a los otros dos objetores de Derecho a una charla que organizaba en la facultad Jordi Tolrà, el director de la Fundación Autónoma Solidaria. Presentaba un proyecto a punto de iniciarse en un campo de refugiados bosnios de Eslovenia. Estaba previsto enviar a cinco objetores catalanes por un período no inferior a tres meses.

Mientras transcurría la sesión, cerré los ojos para imaginar que un tren me llevaba lejos de aquella facultad opresiva que nada tenía que ver con mis intereses vitales. Al finalizar el acto, tuve muy claro lo que debía hacer.

Me acerqué a Jordi Tolrà y le rogué:

—Tengo experiencia en campos de refugiados y hablo un poco de serbocroata. Por lo que más quiera, sáqueme de aquí.

Cuando fui aceptado en el primer grupo que iría a Tolmin, en los Alpes Julianos de Eslovenia, sentí que accedía al nirvana.

La Universidad Autónoma, que yo ahora veía con gran simpatía, logró trasladar mi expediente de la PSS antes de que me sancionasen. Les debo gratitud sin fin por eso.

A finales de noviembre me incorporé al curso preparatorio, que se hacía por las mañanas en un despacho de la UAB. Era una actividad bastante relajada. Además de redactar todos los protocolos y permisos necesarios, seguíamos de forma autodidacta un pequeño curso de serbocroata a partir de unas fotocopias.

La lengua compartida de mala gana por bosnios, serbios y croatas ya me había seducido desde mi estancia en Brač. Tiene una cadencia dulce y suave, y no es difícil de pronunciar por un latino. Uno aprende enseguida un vocabulario «de campaña» y las expresiones más comunes.

A los principiantes les hacía mucha gracia que «poco a poco» se dijese *polako, polako*. También las palabras sin ninguna vocal como *trg* (plaza) o *trč!* (¡corre!). Otra cosa es la gramática, con sus siete declinaciones. Pero no hacía falta dominar tanto.

Nuestra salida estaba prevista para finales de diciembre, con una expedición formada por cinco objetores y un coordinador.

Los días se escurrían como arena entre los dedos. Casi sin darnos cuenta, una tarde estábamos los seis cargando las mochilas hacia la estación de Sants.

Por la mañana, el rector de la universidad había venido a despedirnos oficialmente. Nos deseó suerte, y la verdad es que nos haría falta. Pasaríamos tres meses en un pueblo perdido en las montañas, dentro de un antiguo cuartel del ejército yugoslavo reconvertido en campo de refugiados. El sueldo mensual de la tropa era de diez euros al mes, aunque después de una protesta conseguimos que se subiese a casi treinta.

El trayecto por Cataluña y Francia fue muy distendido, y los seis charlábamos excitados sobre lo que nos esperaba allí. Estábamos orgullosos de ser el primer grupo de objetores que mandaba una universidad de nuestro país para esa labor.

Al caer la noche, desplegamos las literas del Talgo para tratar de dormir unas cuantas horas antes de llegar a Milán. Entonces, cuando las luces se apagaron, lo vi todo claro.

85

Hay momentos de lucidez en la vida donde uno se adelanta a lo que le va a pasar. Paul Auster describe estos instantes como «una experiencia sublime y excitante que te sitúa medio paso por delante de la realidad, como si tu piel se hubiese vuelto transparente».

En mi caso, no creo que la revelación que me asaltó en el tren tuviese nada de sublime. Más que adelantarme a algo, de repente fui consciente de una realidad que llevaba conmigo desde hacía tiempo y que no había querido reconocer.

Dentro de aquella cama sobre raíles entendí que el proyecto en el que me había embarcado estaba destinado al fracaso. Como mínimo, por la parte que a mí me correspondía.

¿De dónde me venía aquella certeza?

Era como si, de repente, hubiera tomado conciencia de que mis reservas anímicas estaban a punto de agotarse. A Dalmacia había ido libremente y cumplía con mi trabajo sabiendo que podía largarme cuando quisiera. Ahora me dirigía a un cuartel remoto donde, además de seguir un régimen militar, me haría falta tener elevadas dosis de fe en la humanidad.

Tras pasar la noche en un aséptico hotel de Liubliana, hicimos tiempo en la ciudad hasta la salida de nuestro autobús.

La capital de Eslovenia tiene un agradable aire provinciano que invita a sentarse en los cafés para ver pasar a la gente. Hacía poco más de un año que el país era independiente –por primera vez en su historia–, pero el ambiente que se respiraba en la calle no era muy diferente del de cualquier capital centroeuropea, eso sí, a pequeña escala.

Ya en el autobús, en el transcurso de la larga ascensión hacia los Alpes Julianos, me embargó una tenue melancolía. Tal vez porque me dirigía a un lugar colgado entre las montañas donde me quedaría una buena temporada.

Hicimos parada en un bar de cazadores, luego proseguimos el camino entre bosques nevados hasta Tolmin.

86

Era ya de noche cuando llamamos a la puerta de un oscuro cuartel en las afueras del pueblo de tres mil habitantes. El vigilante fue a buscar al director del campo de refugiados, Begunski Center en idioma bosnio.

Acudió un hombre con aspecto de comisario del antiguo régimen. Nuestro director, Jordi Tolrà, que nos había acompañado, iba explicando nuestro proyecto en italiano. En esta parte de Eslovenia hay pocos adultos que sepan inglés. En cambio, muchos hablan italiano porque la frontera se encuentra cerca. El pueblo llegó a ser incluso parte del país vecino, cuando se llamaba Tolmino.

«*Dobro, dobro*» –bien– iba respondiendo el director del Begunski Center, que enseguida sería sustituido por otro. Mientras nos conducía por los pasillos del cuartel, intentaba mostrarse cordial, aunque se notaba a la legua que nuestra presencia le molestaba.

Nos acompañó hasta la que sería, a partir de entonces, la habitación de los seis: un espacio de unos quince metros cuadrados con dos literas y dos catres individuales. Se encontraba justo sobre la garita del vigilante.

Aquello no podía ser una casualidad.

Descargado el equipaje en nuestra madriguera, el director nos condujo hasta la otra ala del edificio, tras pasar por un solar helado lleno de ropa tendida. Allí se encontraban las salas comunitarias, entre ellas el comedor donde se celebraba la cena de Fin de Año.

Tras pasar nuestra primera noche en la caserna, empezaríamos nuestro cometido el 1 de enero.

Después de presentarnos oficialmente, fuimos invitados a sentarnos con ellos. Mientras veía a toda aquella gente brindando con el poco vino que había en la mesa, tuve que pensar que, un año atrás, habían celebrado las fiestas en su casa con familiares y amigos. Ahora se encontraban amontonados en un cuartel, en un país extraño donde se habla otro idioma, sin casa, ni parientes, ni amigos.

Un hombre mayor que hablaba alemán me dio conversación. Me dijo que la mayoría de los refugiados de aquel campo eran campesinos bosnios que habían perdido sus tierras en la guerra.

Mientras hablábamos, noté decenas, cientos de ojos que nos escrutaban con curiosidad. Para ellos éramos unos extraterrestres llegados de un país próspero. Aquellas miradas querían decir: «¿Qué se os ha perdido por aquí?», «¿Qué viene a hacer alguien que tiene una casa confortable en un país donde hace sol?».

De habernos entendido, no habríamos tenido respuesta para estas preguntas. No les podíamos decir: «Venimos a ayudaros», porque habrían podido contestar: «¿Ah, sí? ¿Y cómo nos ayudaréis? ¿Nos podéis devolver la casa, los ahorros, los hermanos asesinados?». Era más fácil el juego de miradas.

Pasadas las doce, una mujer corpulenta puso un casete de música tradicional y todos empezaron a bailar en pequeños círculos. La letra decía *Jedno kolo, jedna raja* –un pueblo, una gente– y enumeraba una serie de ciudades bosnias des de Bihać a Mostar. Era, no hace falta decirlo, una canción para la unidad.

La fiesta acabó con otra canción emblemática, que el centenar de refugiados cantaron al unísono: *Balkane, balkane, balkane moj...* Mis Balcanes.

87

El dramaturgo Tom Stoppard, al cual había interpretado en mi adolescencia, dice que «cada salida es una entrada a otro lugar». Nosotros seis habíamos salido de la vida regalada de la Autónoma para ir a parar a un edificio ruinoso, donde reinaba la apatía y la desesperación.

Aquel soleado mundo de Brač era, en comparación, el jardín del Edén. Allí, al menos, las familias tenían espacio para correr, el cielo azul, el mar...

El Begunski Center de Tolmin era mucho más parecido a una cárcel. Y, de hecho, casi lo era: solamente nosotros, los llamados *katalonski*, podíamos entrar y salir del recinto cuando nos apetecía. Los refugiados tenían que dar explicaciones al vigilante si querían estirar las piernas un rato fuera del cuartel.

El control se debía al recelo con el que eran vistos por la población. La llegada de aquella multitud de campesinos había frustrado la vocación del pueblo como destino turístico alpino.

Marjeta Manfreda, la periodista local, ironizó sobre esta pretensión en un artículo dedicado al campo de refugiados y a nuestra llegada. En la fotografía se nos veía a los seis frente al Begunski Center con cara de hambre. El titular era: PRIMEROS TURISTAS EN TOLMIN.

Quien no ha vivido en un campo de refugiados no se puede imaginar lo asfixiante que llega a ser dormir, comer y trabajar en un recinto tan reducido. Nuestra rutina diaria era la siguiente:

08:00. Joan-Marc, nuestro coordinador de la PSS, nos hace saltar de la cama. Diez minutos para ducharnos con agua fría y vestirnos.

08:15. Desayuno en el comedor comunitario a base de té en polvo y mendrugos de pan con mermelada.

09:00. Después de preparar las actividades del día en la Velika Sala –sala grande–, abrimos la puerta para que los niños puedan entrar.

13:00. Almuerzo en el comedor comunitario. El menú siempre es el mismo: cacerola de alubias y pan para mojar.

14:00. Dos horas libres para hacer una siesta, dar una vuelta o sentarnos a leer en el cementerio del pueblo, que está al lado del cuartel.

16:00. Actividades para los adultos: cursos de inglés, taller de lana para las mujeres, partidos de «refugiados contra catalanes».

19:30. Cena a base de queso enmohecido con rebanadas de pan. Pieza de fruta suplementaria.

Los primeros días de cada mes, cuando llegaba nuestra modesta paga de soldados sin armas, la destinábamos a emborracharnos en Tolmin. Por ser un pueblo de montaña, tenía numerosos bares e incluso una discoteca. Con uno de los objetores nos propusimos visitar cada uno de los tugurios en el transcurso del invierno. Al final, por motivos financieros, sólo conseguimos cubrir unos doce.

La discoteca era digna de una película de Kusturica: el Amazonka se encontraba en un sótano bajo el edificio de Correos, donde acudían los granjeros de la comarca para ligar con chicas de Tolmin o montar alguna pelea.

Nuestro local favorito, sin embargo, era el Devetak, una pequeña taberna donde se reunía el ambiente alternativo de la comarca. En este santuario del buen rollo conocimos a personajes de los que hablaré más adelante.

Para experimentar sensaciones fuertes, sólo hacía falta ir al local de al lado: el Hammurabi, un antro donde los alcohólicos hablaban solos en la barra, y los mafiosos locales jugaban al billar o al minibasket. Curiosamente, hoy forma parte de la historia del cine esloveno, porque una película filmada allí con borrachos reales, *Kruh in Mleko* (Pan y leche), recibió el galardón «León del Futuro» en el festival de Venecia.

88

La ilusión con la que habíamos empezado el trabajo enseguida se fundió. No conseguíamos motivar a los refugiados para hacer nada.

Que aquello no sería coser y cantar se vio ya desde el principio. Con la colaboración de los niños, una tarde colgamos en el comedor un elaborado mural con fotografías de los refugiados. Todo el mundo parecía estar orgulloso de aquella composición que alegraba la sala. A la mañana siguiente no quedaba ni una foto: las habían arrancado todas dejando sólo los agujeros.

Otra actividad que naufragó fueron los cursos de inglés que organizábamos por la tarde. Siempre pasaba lo mismo: el primer día llenábamos la *Velika Sala* con una veintena de adultos; el segundo día, el grupo se había reducido a tres personas; el tercer día, no había nadie.

La desidia de los refugiados acabó contagiando a los objetores, que habíamos llegado para dinamizar aquella prisión y lo único que hacíamos era consumir su comida.

A partir del segundo mes me limité a vagar por la *Velika Sala* por las mañanas, tratando de hacer algo útil, y dejé de acudir a los partidos de fútbol de la tarde. A ellos les dio igual, porque siempre he sido pésimo en este deporte y no rascaba bola.

Aquel pequeño universo en el que se hacinaban seiscientas personas se completaba con su particular club de jóvenes, instalado en una cámara de la planta baja: el Auschwitz.

Desde la primera semana, Joan-Marc intentó convencer a los siete u ocho adolescentes de que cambiasen el nombre de su local. Pero fue en vano. Elvis, uno de los asiduos, sentenció:

—Le llamamos Auschwitz porque esto es un campo de concentración, y nuestra moral no es más alta que la de los deportados judíos.

Buena parte de los que se reunían allí eran de Mostar, capital de Herzegovina, y hablaban a menudo de la destrucción del puente que conectaba el barrio católico –croata– con el musulmán. Una destrucción, sin duda, simbólica e intencionada. Los jóvenes decían que no querían regresar a su ciudad ahora que el puente ya no estaba.

—Creo que estábamos mejor cuando existía Yugoslavia –reconoció uno.

Aparte de lamentarse, en aquel club se hacía poca cosa. Fueses a la hora que fueses, te encontrabas a los cuatro o cinco jóvenes de siempre tirados en un sofá delante de la tele.

Aquél era el único televisor en activo de todo el campo, aunque sabíamos que en el almacén había dos más –nuevos y sin estrenar– regalados por una ONG musulmana. Por algún motivo, el director del centro los retenía allí en vez de ponerlos a disposición de los refugiados.

Pero volvamos al televisor del Auschwitz, donde a todas horas se pasaba el mismo vídeo: un concierto en el Sava Centar de Đorđe Balašević, un cantautor serbio adorado en los Balcanes. Como nosotros a partir de media tarde tampoco teníamos nada que hacer, lo veíamos con ellos una y otra vez.

El cantante en cuestión es un hombre afable con rasgos poco eslavos, ya que proviene de Voivodina, la región serbia de minoría húngara.

Y lo cierto es que en este largo concierto, celebrado en Belgrado ya iniciada la guerra, se pasaba más tiempo hablando y haciendo reír al auditorio que cantando. Los recitales de este hombre son famosos porque suelen durar, tirando bajo, cuatro horas y media.

De vez en cuando, Elvis nos traducía algo divertido que contaba. Los musulmanes dicen que «quien hace reír a sus amigos es digno del paraíso», y Đorđe se lo estaba ganando a pulso.

Pero no todo eran chistes. Siguiendo con la tradición balcánica de la risa y el llanto, de repente se ponía serio y presentaba un tema ya mítico de su repertorio: *El hombre de la luna en los ojos*. Habla de los soldados serbios que regresaron del infierno de Vukovar. La canción dice: «No sabéis lo que significa demoler una ciudad».

Gracias a aquellas veladas en el Auschwitz, conocimos a fondo y aprendimos a amar las canciones de Balašević, que luego seguíamos escuchando en la habitación durante horas en un casete grabado.

Yo no podía sospechar que, veinte años después, conocería a Balašević en Voivodina, invitado por su propia hija, que se confesaba gran lectora de las traducciones al serbio de mis libros.

Pero no perdamos el hilo de aquel invierno interminable en Tolmin.

89

Marjeta Manfreda, la periodista local que nos había hecho un reportaje al llegar a Tolmin, una noche me presentó a un personaje que marcaría para siempre mi relación con los Balcanes: Boris Božič. Entonces era un hombre de unos cuarenta y pocos años, con barba y gafas; tenía la sonrisa siempre a punto y era el rey de la conversación.

Hablaba como un nativo americano, porque había vivido buena parte de su vida en Toronto, donde era bajista de rock. Nos dijo que ahora tenía un grupo de música con el que actuaba por la región, la Soča Blues Band.

Después de apurar un par de Union pivo –la cerveza local– nos invitó a visitarlo a su casa de Most na Soči, un pueblecito a cinco o seis kilómetros de allí. Todos aceptamos encantados, y Joan-Marc y yo pensamos que sería una buena idea llevar a la Soča Blues Band al campo de refugiados. Tal vez una descarga de decibelios haría revivir, ni que fuese por una noche, la atmósfera lúgubre del cuartel.

Además de la escuela del pueblo, donde me dejaban el aula de piano un par de tardes por semana, este hombre fue para mí un lobo salvador cuando me estaba viniendo abajo.

Pasábamos tanta hambre como los refugiados y la atmósfera era deprimente en aquella cárcel de facto, pero con el tiempo empezamos a darnos cuenta de que vivíamos a dos pasos del paraíso.

Tolmin se encuentra en la entrada del Parque Nacional de Triglav. Está lleno de lugares prácticamente vírgenes atravesados por el Soča, un río verde esmeralda que los jóvenes locales veneran como una deidad.

A pocos kilómetros del pueblo, más allá de un cementerio alemán de la Primera Guerra Mundial, había lo que los locales llamaban «la playa del Soča». Es un triángulo de piedras blancas donde el río se encuentra con uno de sus afluentes. Muchos mediodías, durante la pausa, íbamos a sentarnos a la orilla del río en aquel rincón idílico.

Unos escribían postales, otros se tendían al sol para leer. Yo a menudo me limitaba a contemplar el agua.

Aquel invierno en Tolmin, la distancia entre la pureza del Soča y el mundo del cuartel me parecía abismal. Allí dentro, la vida era una lenta muerte diaria, para ellos y para mí, que había dejado de sentirme útil. Mientras tanto, afuera la naturaleza mostraba su poder.

Embargado por esta mezcla de fracaso personal y sobredosis de belleza, una tarde que caminaba solo hacia el río, caí fulminado. Fue como si, de repente, las fuerzas me hubiesen abandonado.

No puedo explicar exactamente qué sucedió, sólo sé que me hundí entre los matorrales. Allí estuve una hora, o quizás más, sin ánimo para levantarme.

Tenía una crisis de ansiedad en toda regla. No era la primera de mi vida, pero en Barcelona las había silenciado con ansiolíticos. Aquí no tenía nada de eso, y no quería preocupar a mi madre llamándola para que me enviara unas cajas de Trankimazin.

Guardaba bajo la almohada una carta muy bella y sencilla de ella. Quizás la única que me llegó a escribir mi madre. Me decía que esperaba la primavera, porque entonces volverían los pájaros y yo con ellos.

Desplomado en los matorrales, en ese momento yo no estaba seguro de poder hacerlo. Mientras el sol de la tarde se escondía detrás del valle, yo pensaba, como tantas otras víctimas de la ansiedad, que aquél sería mi último reposo, no demasiado lejos del de los soldados alemanes.

Pero entonces mis sentidos se afinaron y escuché con mucha claridad la canción del Soča. Era un canto poderoso que hablaba del paraíso primigenio, de un mundo que se crea a sí mismo día a día, instante a instante, de la bondad de la vida. Inspirado por el río, conseguí ponerme en pie y retomar el camino hasta el campo de refugiados.

90

Pronto supe que no era el único al que le estaba afectando la vida en el Begunski Center. Uno de los objetores me confesó que cada mañana se tomaba un Nolotil para estar «más tranquilo» en nuestro Kindergarten, donde más que educar, intentábamos poner paz mientras los niños se peleaban.

A cargo de otro objetor, empezaron a haber problemas en el taller de la lana. Allí las mujeres tejían patucos que se vendían en la Universidad Autónoma, de lo cual ellas obtenían el importe íntegro. Eso hacía que se robasen los ovillos las unas a las otras, para poder seguir trabajando en la habitación y ganar más tólares, la moneda eslovena de entonces.

Yo me sentía cada vez más agotado, física y mentalmente. Para compensar mi ausencia en los partidos de fútbol, me comprometí a organizar cada noche una «sala de juegos» para los adultos. Al acabar de cenar, les llevaba tableros de ajedrez, damas y parchís. La cosa tuvo cierto éxito, porque en la antigua Yugoslavia –como en todo el bloque del Este– el ajedrez estaba muy implantado.

Pasaba ahí un par de horas custodiando los juegos con la cabeza a punto de explotar. Me sentía vacío y miserable por no poder aportar más en un lugar donde existía tanta necesidad.

No empecé a recuperar el ánimo hasta que fui con un par de compañeros al pueblo de Boris Božić.

Most na Soči, que significa puente sobre el Soča, es un lugar tranquilo donde aparentemente nunca ocurre nada. A diferencia de Tolmin, tiene estación de tren, de modo que sus habitantes pueden viajar a Liubliana sin tenerse que tragar todas aquellas carreteras de montaña.

Tras cruzar el puente que da nombre al pueblo, como allí las calles no tienen nombre, tuvimos que contar los números de las casas hasta llegar a la de Boris. Allí nos abrió un anciano que se presentó como su tío y que hablaba castellano:

—¿Dónde ha aprendido a hablar español? –le preguntamos.

—Escuchando Radio Exterior de España. Además de esloveno y serbocroata, hablo seis idiomas. Todos aprendidos en la radio.

Lo felicitamos por su buena dicción, y nos indicó que ya podíamos subir al desván, donde nos esperaba su sobrino.

Conocer a Boris Božić me impresionó tanto que lo convertí, años después, en coprotagonista de uno de los cuentos largos de *El sueño de Occidente*. Ni siquiera me preocupé por cambiarle el nombre, aunque el protagonista lo denomina también «el Buda de los Alpes».

El encuentro consistió en una presentación de la vida y milagros de nuestro anfitrión, con especial atención a sus cuadros y fotografías. Había una especialmente relevante, que mostraba a Boris apoyado en una barra desierta con una pila de vasos vacíos. La había tomado alguien después de un concierto.

Nos explicó que ver aquella imagen fue como una señal. De repente entendió que su carrera de bajista había acabado, que ya no deseaba triunfar en Canadá. El fin del sueño americano.

Poco después regresó a Eslovenia para siempre.

Boris era un gran conocedor de la naturaleza que le rodeaba. En un momento de aquel guateque improvisado, le comenté lo que un joven de Tolmin me había dicho. La Tolminska Korita, la garganta sobre un río de belleza casi irreal, era el lugar preferido de los jóvenes del pueblo para suicidarse.

El Buda de los Alpes me escuchó con atención y reconoció:

—Sí, incluso yo tiemblo cuando voy. Podrías morir allí… –y sus ojos se iluminaron de repente–. Aunque también podrías renacer.

El resto de la velada pinchó vinilos en el tocadiscos y nos enseñó sus pinturas puntillistas. Fue a buscar una en especial a una habitación anexa y reapareció un minuto después con un cuadro grande envuelto en una sábana.

Lo desató cuidadosamente y apareció un desnudo bastante psicodélico de una chica negra. Boris comprobó con disgusto que la parte superior del cuadro se había empezado a enmohecer. Intentó rascar con el dedo la parte de los hongos, pero estaban allí para quedarse. Abandonó su intención con un suspiro, y dijo:

—La naturaleza nunca duerme.

Acto seguido, aquel retrato hecho con un detalle obsesivo generó una conversación que reproduje en mi cuento.

—¿Cuántos puntos dirías que forman la imagen? –preguntó Boris.
—Unos mil.
—Casi, pero le tienes que añadir un cero: diez mil.

Le elogiamos el retrato, pero el artista parecía francamente descontento.

—Tal vez algún día valga la pena. Pero todavía no está acabado.
—¿Ah, no? ¿Qué le falta? –pregunté
—Fallan cosas. ¿Ves este puntito de aquí? –Boris señaló una de las diez mil pinceladas–. Pues falla. No te sabría decir por qué, pero el color no es el correcto. Y no es el único. A esta obra le falta como mínimo un año. Y eso tirando bajo.

Uno de los chicos más eficientes de nuestro grupo siempre decía «hay que ir por objetivos», así que decidimos retomar el motivo que nos había llevado a verle.

—Queremos hacerte una propuesta –le dije–. Tenemos el campo de refugiados muy alicaído y nos gustaría organizar un concierto. ¿Crees que la Soča Blues Band querría tocar allí?

—*Cool!* Es un gran compromiso para nosotros. ¿Sabéis? Yo también nací en un campo de refugiados, ya que mis padres tuvieron que exiliarse a Italia por problemas con el régimen yugoslavo. Creo que puede funcionar. Sí, contad con nosotros.

91

Antes de que la banda aterrizase en el Begunski Center, asistimos a un concierto suyo en un bar de carretera, a medio camino entre Tolmin y el pueblo de Kanal. Allí comprobamos que la Soča Blues Band estaba compuesta tan sólo por dos músicos, Boris al teclado eléctrico y un guitarrista. Tocaban piezas instrumentales.

El bar estaba medio vacío y el público no era demasiado entusiasta, pero fue agradable estar en aquel antro de madera con nuestro amigo tocando para nosotros.

Nos había llevado un curioso personaje de la zona que se hacía llamar el Chamán. Era un viejo *hippie* que se paseaba con una furgoneta. Dicen que todos tenemos una misión en la vida, y el Chamán había encontrado la suya: se dedicaba a recoger a todos los jóvenes de la comarca y a llevarlos donde hubiese cualquier concierto.

Tenía un grupo de fieles seguidores que se hacían llamar los Trappers. El Chamán y los Trappers habían fundado un club curioso, la «Asociación para las buenas sensaciones», y se reunían una vez al mes en un hotel.

Pero volvamos a la Soča Blues Band. En cumplimiento de su palabra, el dueto vino una semana después al campo de refugiados. Allí todos les esperaban con gran expectación, como si se tratara de dos estrellas de primer nivel.

Era la primera gran fiesta que se organizaba desde nuestra llegada y todo el mundo tenía ganas de divertirse. Para redondear la fiesta, los *Katalonski* invertimos todo nuestro dinero en elaborar un gran barreño de sangría, tal como yo había aprendido a hacerla en Les Puces.

Convertimos la *Velika Sala* en una improvisada sala de conciertos, con mesas para sentarse y una pista central donde bailar. Mientras la Soča Blues Band afinaba sus instrumentos, nosotros preparábamos más de cincuenta litros de sangría con ingredientes locales: domačko vino –un vino doméstico cercano al vinagre–, brandy a granel, limonada, azúcar y un ron local de la marca Alko.

La velada fue todo un éxito. Era curioso ver a aquellas familias de campesinos escuchando blues con el vaso en la mano, como si estuviesen en un club de Toronto.

Finalizado el concierto, proseguimos la fiesta en nuestra habitación con el ron que había sobrado. Grave error. El Alko nos sacudió tan fuerte que a las tres de la madrugada se formaban colas alrededor de la garrafa de agua. De hecho, uno de los cooperantes se quedó delirando treinta y seis horas en la cama.

Aun así, hacía falta una fiesta como ésa. Considero la organización de aquel concierto, que devolvió a los refugiados a su vida normal por una noche, nuestra mayor aportación al Begunski Center.

92

Cuando, a primeros de abril, me encontraba en el tren de regreso, sentí que había pasado una pequeña eternidad. Aunque nuestra estancia había abarcado unos cien días, su valor en experiencias y emociones era mucho mayor.

En los quince años siguientes regresaría media docenas de veces a Tolmin. Necesitaba revisitar lugares míticos en mi recuerdo, así como a amigos que había hecho en el pueblo, muy especialmente a Boris, el Buda de los Alpes.

Al caer la noche en aquel tren de regreso, sin embargo, era incapaz de imaginarlo. El rumbo de mi vida parecía más incierto que nunca. Lo más sólido que tenía era una libreta con los temas que había compuesto en el piano de la escuela del pueblo. También varios casetes que nos habían grabado nuestros amigos del Auschwitz.

Además de una antología de Balašević, llevaba una cinta de Vlado Kreslin, el gran *songmaker* esloveno. Incluye un tema que todavía hoy me pone la piel de gallina. Es la única canción del país que sé al piano y, cada vez que la toco, el mundo parece detenerse.

Namesto koga roža cveti significa «¿En lugar de quién crece la flor?». Es difícil definir de qué va esta canción, pero traza un puente entre los muertos y los vivos, entre lo que fuimos y lo que somos.

En el disco del mismo título, este tema aparece primero bien orquestado y luego en una versión más íntima, con un Vlado Kreslin totalmente borracho después de un concierto, acompañado sólo por su guitarra y un trompetista inspirado.

Mientras el tren nocturno me llevaba de regreso a ninguna parte, yo escuchaba la voz rota de Vlado Kreslin. La canción, traducida, dice así:

Una noche extraña, mientras duermo con las cigüeñas,
Dentro de una niebla sin fin,
Totalmente quieto y sin osar moverme,
Allí en el paraje.
Cuando los primeros rayos de sol muerden la niebla
Despertamos de nuestros sueños
Y un paraje de nuevos sueños
Atraviesa los cielos navegando.

¿En lugar de quién crece la flor?
¿De quién era el lugar que yo ahora ocupo?
¿Qué piel tiene el perfume más exquisito?
¿Qué canción necesitará mi voz?

Y si la hierba que crece encima de mí
Aloja una flor o dos
Dejará caer una lágrima en el ojo de alguien
Y guardará un poco de miel para otro.

93

En 1951, el orientalista Alan Watts publicó *La sabiduría de la inseguridad*, con el revelador subtítulo: *Un mensaje para una era de ansiedad*. Partía de la base de que el grueso de la humanidad aspira a lo seguro y estable. Sin embargo, en sus propias palabras, «Hemos de descubrir que no existe la seguridad, que buscarla es doloroso y que, cuando imaginamos haberla encontrado, no nos gusta».

Yo hacía tiempo que había renunciado a la seguridad. No quería anclarme a un lugar a ver pasar la vida. Quería correr con la vida misma, fluir con ella, influir en su curso, inspirar el de los demás.

Terminado mi servicio en los Balcanes, no tardé en trasladarme a Alemania con una beca para proseguir mi carrera en la Universidad de Münster. Allí descubrí lo extravagantes que son las optativas de letras en ese país, así como la distinta dinámica de las clases.

Me inscribí en una asignatura llamada «El internado como tema de la literatura» y en otras dos sobre Franz Kafka. A diferencia de las clases magistrales, donde todo el mundo toma apuntes, el profesor ejercía de mero conductor. En los seminarios de veinte personas, los estudiantes se turnaban para dar clase.

Todos eran nativos menos yo, así que el día que me tocó hablar en alemán durante una hora sobre *El Proceso* de Kafka, pensé que no saldría airoso. Sin embargo, al ver que todo el mundo seguía mis explicaciones y que el profesor iba asintiendo con un leve movimiento de cabeza, suspiré aliviado.

Una vez concluido mi semestre en Alemania, y luego la carrera, nunca llegué a dar clases de literatura en la facultad, puesto que no hice el doctorado. Sí doy charlas en universidades acerca de temas de psicología y desarrollo personal. Sin embargo, fuera de los talleres privados de escritura, aquel Francesc que explicaba los recursos narrativos de Kafka sólo proseguiría su labor académica en las novelas.

La literatura sirve, entre muchas otras cosas, para explorar los caminos no elegidos, para experimentar qué habría pasado si… Y mi camino no elegido se encarnó en Samuel de Juan, un profesor de filología solitario y amargado que, cuando no está dando clase, languidece en su casa maldiciendo el mundo. Hasta que del día de Año Nuevo se le cuela un gato en el piso. Eso desata un huracán de pequeños acontecimientos que dará un vuelco a su vida.

La novela se llamó *amor en minúscula* y se acabaría traduciendo a veintisiete idiomas, como veintisiete eran los años que yo tenía durante mi etapa de estudiante en Münster.

Antes de hablar de dos personas muy importantes para mí, quiero plasmar lo que sentí al instalarme en mi pequeña habitación en la residencia de estudiantes. Tras vaciar mi mochila en el cuarto que me habían asignado, tenía muy pocas cosas: la ropa justa para pasar el semestre, dos pares de zapatos, un abrigo, un libro.

Este minimalismo de las cosas me produjo una felicidad desconocida hasta entonces.

Acostumbrado desde pequeño a vivir entre los quince mil libros de mi padre, aquella única novela en mi mesita, *El castillo* de Kafka, era como la isla de un náufrago sin otra tierra firme en el vasto océano.

Karl Marx dijo una vez: «Mi granero se ha quemado. Ahora puedo ver la luna». Tumbado en mi cama-sofá, mientras leía las aventuras del Agrimensor K bajo el cielo gris de Münster, me daba cuenta de que no se necesita casi nada para ser feliz.

94

No me extenderé sobre mi vida de estudiante en Alemania, porque era parecida a miles de otras. Pero sí quiero hablar de las personas que conocí en esta agradable ciudad estudiantil y que estaban destinadas a cambiar nuevamente mi rumbo.

Mientras solicitaba habitación en una oficina de la universidad, conocí a Vanessa y Katinka. La primera sería actriz de mi primera obra de teatro y, tras ejercer de viajera bohemia durante media década, hoy es propietaria de un millar de tiendas de dietética, además de un hotel balneario.

Katinka se convertiría en mi mejor amiga, luego en mi pareja –y madre de mi hijo– durante quince años, y luego nuevamente en mi mejor amiga.

Cuando pienso en ellas en esa época, siento que la temperatura vuelve a caer por debajo de cero. No sé por qué, mis viajes y aventuras más memorables han sido en invierno. De Münster recuerdo pedalear por las calles con tres palmos de nieve, las «fiestas de pasillo» en la residencia y las salidas nocturnas por locales alternativos como el Gleis 22.

Había un club llamado Die Brücke –el puente– cuya finalidad era poner en contacto a personas de diferentes culturas. Tras responder a un anuncio en el panel, empecé un intercambio de idiomas con una chica algo mayor que yo.

La llamaremos Christiane y debía de rozar los treinta. Trabajaba en una imprenta, un oficio donde no abundan las mujeres, y respondía al perfil de alemana alternativa, allí llamados *Autonomen*.

Mucho más inteligente y talentosa que yo, enseguida busqué su compañía más allá de aquellos encuentros de té y conversación. Los dos estábamos libres por aquel entonces, así que nos lanzamos a la aventura.

Tener a Christiane de pareja era como convertirse en un personaje de las películas de Doris Dörrie o de Wim Wenders que yo tanto amaba. Muchos días me quedaba en su casa, que era una *Wohngemeinschaft*, un piso compartido con varios amigos.

Pronto me integré en sus actividades. La noche de Fin de Año, en lugar de irnos a cualquier fiesta, fui con ellos hasta una explanada al pie de la cárcel de Münster. Bajo una noche gélida, nos íbamos pasando un megáfono para saludar a los presos en diferentes idiomas. A mí me correspondía hacerlo con los de Hispanoamérica.

Mientras me salían nubes de vapor de la boca, al desearles una pronta liberación y que tuvieran paciencia mientras tanto, vi cómo entre los barrotes de las ventanas se encendían y apagaban pequeñas estrellas anaranjadas. Eran los cigarrillos de los presos, que daban caladas mientras nos escuchaban.

95

Estuve con Christiane cuatro años, con las dificultades propias de vivir separados mil quinientos kilómetros.

Pude comprobar que me encantaban las novelas y las películas alemanas, pero no tanto la vida allí. En los viajes que hacía para visitarla, el ambiente en las calles me parecía densamente melancólico, una parte de mí que no quería alimentar.

Nos invitaban a muchas fiestas y eran todas muy parecidas. Encontrabas un bufet de comida generosamente surtido, buena música y un tío solitario bailando delante de un altavoz.

La primera hora, yo me esforzaba en charlar con todos. Me presentaba y me interesaba por sus vidas. Después se acababan los temas de conversación y yo me quedaba aburrido en algún rincón, observando el panorama.

Creo que mi locura no encaja con la racionalidad alemana.

Christiane también venía a verme a Barcelona, donde yo había empezado a alquilar un minúsculo apartamento en el Borne. Ella tenía mucha más capacidad de integrarse que yo. Hablaba castellano perfecto, aprendió catalán y sabía cocinar cualquier plato local, desde *panellets* a elaborar su propia horchata. Cantaba muy bien y se acompañaba de la guitarra.

A su lado, yo era sólo un aprendiz que trataba de mantener el equilibrio mientras surfeaba las olas de la vida.

Para poder pasar tiempo con ella, me consiguieron un trabajo de verano en una cooperativa agrícola biodinámica de Westfalia. Cada mañana tomaba el tren y luego pedaleaba media hora más entre maizales hasta llegar a la plantación donde trabajaría de campesino.

Este tipo de cultivos, que se suelen comercializar bajo la marca Demeter, siguen la filosofía de Rudolf Steiner. El día de la siembra está marcado por la luna y creo que hay un ritual con un cuerno, aunque no profundicé en ello. Sólo sé que todos en la cooperativa, menos yo, estaban vinculados a la antroposofía.

Yo en mi vida había pisado un huerto, así que me quedé asombrado al ver cuánta vida palpitaba en un puñado de tierra.

Cada mañana nos daban la misión de la jornada, que podía ser recolectar judías verdes, zanahorias o cualquier otra verdura, y la tarea se solía hacer en parejas. A mí me tocó como compañera una chica muy amable y atenta que se llamaba Petra. Durante las largas horas en las que llenábamos los cestos con la cosecha, yo le ponía la cabeza como un bombo hablándole de obras de teatro que quería escribir y dirigir en el futuro.

Le explicaba, por ejemplo, que quería llenar un escenario de tierra como aquella y plantar televisores en los que irían brotando cosas muy distintas a las verduras.

Ella sonreía y de vez en cuando respondía cosas como «Ajá…» o «Ya veo». Yo le pedía que me hablara de la antroposofía, pero nunca llegué a entender del todo en qué consistía. Comprar el ensayo de Steiner *La filosofía de la libertad* tampoco me ayudó.

Al verano siguiente, nada más volver a la cooperativa, pregunté por Petra. Tenía muchas ganas de verla y saber cómo le había ido el año. El encargado se acercó a mí y, poniéndome la mano en el hombro, bajó la voz para decirme:

—Petra ya no está con nosotros. Se ha suicidado.

96

Fuera de catástrofes como ésta, que forman parte de la vida, puedo decir que en aquella época era razonablemente feliz.

Vivía en mi pequeño apartamento de la calle Banys Vells, donde Christiane pasaba alguna temporada cuando libraba del trabajo, y estaba ya cumpliendo mi vocación de ser profesor de idiomas.

Aunque me faltaba aprobar una optativa para acabar la carrera, empecé a dar clases de alemán en El Masnou, a veinte kilómetros de Barcelona. La escuela pertenecía a un profesor irlandés y su pareja, y me trataban como a alguien de su propia familia.

No había muchos grupos de alemán, así que yo era menos que mileurista, pero tenía todo el tiempo y la serenidad del mundo. Tomaba cada tarde un tren que recorría la costa del Maresme. En el trayecto, me deleitaba mirando el mar y leía novelas, algo que hoy apenas puedo hacer. Luego disfrutaba con mi pequeño grupo de alumnos, a los que en verano me llevaba a Alemania para que vivieran el idioma desde dentro.

Los viernes, al terminar la semana, los profesores nos íbamos a un pub del pueblo donde charlábamos hasta la madrugada. Jefes, compañeros y alumnos se sumaban a aquellos encuentros llenos de amistad y calidez.

Muchas veces he pensado que mi vida actual, a ojos de los demás, puede parecer muy exitosa, pero aquellos días tranquilos y llenos de humanidad eran mucho más placenteros.

Oscar Wilde decía con razón que «los placeres sencillos son el último refugio de los hombres complicados». Podemos consumir una vida entera para darnos cuenta, al final, de que la felicidad no es nada lejano ni sofisticado. Más bien lo contrario: es algo tan simple como estar cerca de las personas que quieres y no complicarte la vida más de lo necesario.

La realización personal no tiene nada que ver con la carrera, la popularidad, el prestigio ni nada parecido. Depende de algo tan sencillo como tener la oportunidad de amar y ser amado por quien humanamente eres, no por lo que hayas conseguido o vayas a conseguir.

97

Tras cuatro capítulos breves, en los que he descrito una etapa de calma y estabilidad, llegó de nuevo la tempestad. Y paradójicamente entró en mi vida a través del budismo.

Aunque todo marchaba bien, sentía que no lograba liberarme de la insatisfacción. Como un río subterráneo que amenaza con pudrir los pilares de una vida, quería drenar esa corriente que no me dejaba disfrutar plenamente de los momentos.

Mientras estaba con Aurora, había anhelado mi pasado en la taberna bohemia. Con Christiane lo tenía todo y, al mismo tiempo, sentía que dentro de mí había un vacío creciente. Era como si estuviese fallando en algo que era obvio y reclamaba mi atención. Pero ¿qué?

En medio de mi indagación, llegó a mis manos un libro sobre el budismo de Sangharákshita, un londinense que, tras veinte años de monje en la India, fundaría una orden en la capital británica.

Empecé a leer con fruición acerca de la vida de Siddhartha Gautama y cómo, tras muchos años de patear caminos polvorientos, encontró las cuatro llaves del sufrimiento humano:

1. *El sufrimiento existe*. «El nacimiento, la vejez, la enfermedad y la muerte son sufrimiento; la unión con lo que es desagradable es sufrimiento; la separación de lo que es agradable es sufrimiento; no obtener lo que uno quiere es sufrimiento».

Sí, me dije, el sufrimiento existe en múltiples formas y yo soy la viva prueba de ello.

2. *El origen del sufrimiento es el deseo.* «Desear el placer, desear la existencia, desear la exterminación conducen al sufrimiento».

Por fin encontraba la causa de mi malvivir. Siempre anhelaba lo que no tenía, o me irritaba lo que no quería tener, o deseaba que fuera permanente aquello que, en esencia, es efímero: los momentos, las relaciones, la pasión, la vida.

3. *El deseo puede cesarse.* Y, por lo tanto, también el sufrimiento. Eso se consigue a través del desapego, renunciando a cualquier deseo que nos haga esclavos.

Eso quería yo: romper las cadenas del deseo, desapegarme de todo y de todos, pero… ¿cómo hacerlo?

4. *Hay una senda hacia la liberación.* Buda lo llamó «el Sendero Óctuple» y cualquiera que lo transite puede llegar al nirvana, que el iluminado describió así:

> Hay, monjes, una condición donde no hay tierra, ni agua, ni aire, ni luz, ni espacio, ni límites, ni tiempo sin límites, ni ningún tipo de ser, ni ideas, ni falta de ideas, ni este mundo, ni aquel mundo, ni sol ni luna. A eso, monjes, yo lo denomino ni ir ni venir, ni un levantarse ni un fenecer, ni muerte, ni nacimiento ni efecto, ni cambio, ni detenimiento: ése es el fin del sufrimiento.

«¡Yo quiero alcanzar eso!», me dije sin darme cuenta de que con ello contradecía la tercera noble verdad, que apunta a no desear nada, ni siquiera la liberación.

Al final del libro se hablaba también de los *shangas* (las comunidades budistas) y de la importancia de hacer un retiro para sumergirte en las aguas profundas del budismo.

«Eso mismo haré», me dije. Poco después estaba viajando hacia el monasterio Oscling de las Alpujarras.

98

Narré mi viaje a este monasterio colgado en las montañas en *Barcelona Blues*, aunque esta novela de inspiración biográfica tiene como protagonista a un maestro del que hablaré en los últimos capítulos de este libro.

Volé hasta Granada y, tras pasar la mañana callejeando por el Albaicín, puse rumbo hacia las Alpujarras. Por teléfono me habían informado del autobús que debía tomar, indicándome que bajara en Padre Eterno, nombre del enigmático lugar donde sería recogido por un jeep.

Mientras el autocar trepaba por empinadas cuestas y pasábamos por pueblos blancos, un anciano del lugar me informó de que había una comuna cerca de allí que se llama «Beneficio»

—Esa gente vive en condiciones infrahumanas, sin ningún tipo de sanidad. Algunos ni tienen qué comer.

Mientras el hombre charlaba, en mi mente se sobreponían las dudas sobre lo que me esperaba: ¿Qué iba a hacer en este centro de retiro? ¿Cómo se siente uno en una cura de silencio a dos mil metros de altura? ¿Sería capaz de meditar todo el día?

Antes de que pudiera resolver estas dudas ya estaba dentro del jeep, que esperaba a cierta distancia de la ermita que daba nombre a la parada, como si no quisiera llamar la atención.

Estuvimos largo rato remontando una pista de tierra que serpenteaba entre abismos. Y entonces apareció una estupa, la primera que veía en mi vida.

Tras aparcar, el conductor me guio por un camino desde el que se veían algunas casitas de piedra dispersas.

En el edificio principal me recibió la monja directora, que había sido enfermera en Madrid. Me explicó que las cabañas estaban orientadas de manera que los meditadores no pudieran tener contacto entre sí, ni siquiera visual.

—Cada mañana encontrarás una cesta a pocos metros de tu puerta –me dijo–: Ahí están el desayuno, el almuerzo y la cena. Dejas la del día anterior con los platos limpios y te llevas la nueva.

Yo quería descubrirme en soledad a lo largo de aquella semana, pero como no había practicado meditación en mi vida, pedí a la monja que me dejara unirme al sangha un rato cada día.

—Puedes venir a la meditación de la noche –dijo con poco entusiasmo.

Para un tipo de ciudad sin experiencia en esas lides era difícil hacerse a la idea de que estaría una semana en aquella choza, sin electricidad ni agua caliente. Como mucho podía encender una vela para leer un poco cuando oscureciera.

Un camastro, un cojín de meditación, un pequeño escritorio y un hornillo para calentar el té. Eso era todo. Un minimalismo muy diferente del de Münster, donde podía salir de mi celda y, con un golpe de bicicleta, ir al centro de la ciudad o a las habitaciones de mis amigos.

Al salir por la puerta de Asanga, nombre que recibía mi cabaña en honor a un viejo maestro, sólo había montañas y precipicios barridos por el viento.

Tras consumir lentamente el día con otros libros de budismo y con mis primeras meditaciones sobre un duro almohadón, agradecí a aquella monja de expresión severa que me permitiera unirme al sangha.

La meditación nocturna, además, me ayudó a tomar una difícil decisión que llevaba retrasando hacía tiempo.

Estaba dedicada al «Buda de la Compasión» y duraba unos tres cuartos de hora, que incluía visualizaciones mientras se entonaba el mantra «OM MANE PEDME HUM» sin cesar. Al final, la monja formuló un deseo en voz alta para que nos lo repitiéramos:

—*Si no soy capaz de hacer felices a los demás, al menos que mi conducta no sea un impedimento para su felicidad.*

Aquel mensaje resonó muy hondo dentro de mí. De repente, pensé en Christiane.

99

Fuera de las reuniones nocturnas con el sangha, pasaba casi todo el día leyendo y meditando. Cuando me sentía fatigado, preparaba un té *gunpowder* y escribía un rato en un grueso cuaderno amarillo.

La cabaña era realmente pequeña, así que cuando me entraba el agobio tenía que salir. Entonces paseaba por los alrededores, cuidando mucho de no acercarme a otras chozas. Algunas veces me sentaba sobre una roca a contemplar el barranco. Otras mis pies me llevaban hasta la estupa.

Aquel pináculo sagrado lleno de reliquias, alrededor del cual giran los monjes y meditadores, me tenía fascinado. Se suponía que yo estaba obligado a guardar silencio. No debía interactuar con nadie por espacio de una semana, al menos. Sin embargo, al encontrar una tarde allí a la monja, no pude evitar interrogarla sobre una cuestión que me intrigaba.

Ésta fue nuestra conversación, que transcribí de forma fiel en *Barcelona Blues*:

—¿Es cierto que en este lugar residía un lama tibetano?
—Sí... Murió de viejo hace poco.
—¿Y estaba iluminado?

La monja me miró con cierta sorpresa, antes de responderme:
—No.
—Pensaba que los lamas estaban iluminados.
—Pues no lo están –dijo antes de marcharse.

Esta conversación me dejó en estado de *shock*. De regreso a la cabaña, mientras me preparaba un té bajo la escasa lumbre de la vela, me pregunté: «Si ni siquiera los lamas, que dedican toda la vida a esto, se iluminan. ¿Qué sentido tiene que esté yo aquí?»

Por supuesto, sería un engaño pensar que me estaba encaminando hacia la iluminación. Yo era sólo un meditador principiante que se estaba introduciendo en el budismo. Aquella semana de retiro me ayudó a enfrentarme al miedo a mi propia mente, ya que un encuentro así hace aflorar las preguntas más incómodas.

Hay una máxima famosa de Tim Ferriss, el autor de *La semana laboral de 4 horas*, que dice «El éxito de una persona en la vida se mide por la cantidad de conversaciones incómodas que está dispuesta a mantener».

Habría que añadir ahí que eso incluye las conversaciones contigo mismo.

Al final de mi estancia en Oseling, mientras bajaba con mi mochila, me encontré con un meditador. Me dijo que la mitad de personas que hacen un retiro solitario por primera vez, sin experiencia previa, huyen la primera noche.

—¿Y eso por qué? –le pregunté.

—La mente te ataca –se limitó a decir.

Tras aquella experiencia que tendría muchas consecuencias en mi vida, con los años regresaría dos veces más a Oseling.

Desde entonces, no he vuelto a meditar, fuera de las ocho semanas que participé en un MBSR de *Mindfulness*. Sin embargo, hay momentos en los que medito sin darme cuenta y siento que me fundo con la vida.

Me sucede a menudo cuando madrugo. A veces, me siento frente al ordenador sobre las siete para ponerme al día de tareas pendientes. Como aún es temprano, con el primer té permito que mi mirada vague por el ventanal abierto.

Una claridad anaranjada tiñe las nubes creando el escenario de un sueño. O tal vez esté «despertando de un sueño», como describía Bruce Lee el *satori*, la iluminación abrupta del zen.

Ellos llaman así a ese despertar, que no es una iluminación permanente e irreversible, como la que mencionan los textos tibetanos, sino un fogonazo de comprensión que puede llegarte en cualquier momento.

Por unos instantes, ves la existencia sin filtros, sin expectativas ni juicios, sin pasado ni futuro. Simplemente vives. En esta fase de mi existencia, creo que lo más parecido a un satori son esos primeros momentos del alba, en los que sólo existe el lienzo de las nubes y la taza de té en mi mano.

En su libro *One Taste*, Ken Wilber explica esta clase de visión con mucha belleza:

Temprano por la mañana, el sol naranja se eleva lentamente, brillando con una claridad luminosa y vacía. La mente y el cielo son uno, el sol está saliendo en el vasto espacio de la conciencia primordial, y eso es todo. Yasutani Roshi dijo una vez, hablando del *satori*, que era la realización más preciada del mundo, porque todos los grandes filósofos han intentado comprender la realidad última pero no lo han logrado, pero con el satori o despertar tus preguntas más profundas tienen finalmente respuesta: es sólo esto.

100

Cuando me preguntan acerca de mi espiritualidad, siempre respondo que me considero cristiano y budista.

Cristiano en el sentido original de las enseñanzas de Jesús sobre el amor y la caridad. Recuerdo que, de muy pequeño, estando en la escuela de curas, me impresionó mucho la historia de la capa de san Martín. Si has ido a un colegio religioso, sin duda ya la conoces. Pero, por si acaso, ahí va:

Hacia el año 300 de nuestra era, un legionario a caballo se detuvo frente a un hombre casi desnudo que estaba tiritando. Martín desenvainó la espada para cortar la capa en dos y darle una mitad al mendigo. Al llegar al campamento, sus compañeros se burlaron de él porque, al haberla partido, su capa era ahora una capilla.

Aquella noche, el legionario soñó que Jesús venía a verle vestido con el trozo de capa que había regalado.

La palabra *capilla* viene de aquí. Según la leyenda, el trozo de capa de quien devendría san Martín se guardaba en Aquisgrán, donde Carlomagno mandó construir una iglesia para venerar la «capilla». Ese término acabaría teniendo el sentido genérico que conocemos hoy día.

Personalmente, siempre he partido la capa con quien lo ha necesitado. Prueba de ello es que, pese a haber ganado mucho dinero, no tengo ahorros ni inversiones de ningún tipo. Hasta aquí mi parte cristiana: amar y compartir.

En cuanto al budismo, desde aquella primera inmersión, ha tenido una influencia fundamental en mi vida. Si tuviera que resumir lo que me ha aportado, me detendría en tres conceptos:

COMPASIÓN. A diferencia de la compasión cristiana, que se relaciona más con la lástima y la piedad, en el budismo su significado se acerca más a la empatía. Una mente compasiva es capaz de ponerse en el lugar del otro para comprenderle y ayudarle.

En mi caso, aquella primera meditación nocturna me llevó a la conclusión de que nuestra relación no estaba haciendo ningún favor a Christiane. Ella tenía ya trenta y tres años y deseaba tener hijos, algo para lo que yo no me sentía preparado aún. Le estaba haciendo perder el tiempo.

Tras hablarlo por teléfono, lo dejamos y antes de un año demostró ser la decisión acertada. Christiane había iniciado una relación con un compañero de trabajo y estaba esperando un hijo.

DESEO. Al tomar conciencia de que es una autopista a la insatisfacción, empecé a desactivar dentro de mí este resorte que nos mueve a consumir cosas y personas, lo cual incluye el apego y el miedo a perder lo conseguido. Hoy puedo decir que deseo muy pocas cosas. No hay nada que anhele que no tenga ya, me siento liberado en ese sentido.

VACUIDAD. No entraré a describir este concepto que resulta difícil de comprender a los mismos estudiosos del budismo. Quizás era a esto a lo que se referían los Beatles cuando cantaban *Nothing is real*. La mente a través de la que percibimos las cosas proyecta ilusiones. Dos miradas crean dos realidades distintas. Por lo tanto, no hay realidad alguna a la que agarrarnos.

Creo que hace tiempo que abracé a la vacuidad, que afecta a la visión que tengo de mí mismo. A menudo me siento como una cáscara vacía que se va llenando de la experiencia o el propósito de cada momento. Cuando estoy enseñando, soy profesor. Cuando estoy con mi hijo, soy padre. ¿Pero quién soy yo más allá de eso?

Ésa era la pregunta que practicaban los discípulos de Ramana Maharshi de forma repetida como camino al despertar. ¿Quién soy? ¿Quién soy?

Sinceramente, no lo sé.

101

Antes de cumplir los treinta, empecé a organizar unos espectáculos *underground* que la gente denominaba hueveras, porque el máximo de espectadores que cabían en mi casa era una docena. Esto iría evolucionando con el tiempo y se mantuvo dos décadas, hasta poco antes de la pandemia.

Se hacía los domingos por la tarde, que desde niño siempre me han parecido deprimentes. Por lo tanto, la razón de ser de las hueveras era combatir el *Sunday Blues*.

Estaba aplicando la principal lección que había extraído de *El mago*, la novela de la que ya he hablado: si el mundo en el que vives no te gusta, tendrás que crear uno a tu medida.

Dicho y hecho, en aquel primer piso de alquiler en el Borne, que era minúsculo, pero tenía mi piano, empecé a crear aquello que había soñado vivir. Montaba fiestas de poesía, lecturas de budismo y conciertos alternativos.

Ideaba shows como «La noche de Allan Poe», en la que un actor leía fragmentos de él y, tras producirse un apagón, reaparecía dentro de un armario; más tarde lo encontrábamos aparentemente muerto en medio del salón.

En una de esas fiestas artísticas, ya en mi segundo piso, llegaron a venir cien invitados –a algunos ni los conocía– en un apartamento de cincuenta y cinco metros cuadrados, lo cual puso en peligro el edificio entero.

Mi actividad como agitador cultural incluía lanzar nuevos autores. Cuando empecé a ganar dinero en el mundo editorial, pagaba de mi bolsillo la edición de obras de poesía, o contrataba a músicos para atraer gente a presentaciones literarias.

En La Huevera, como se conocía la sala, debutó Sonia Fernández-Vidal con su primera charla sobre física cuántica. Asimismo, había sesiones de hipnosis colectiva, conciertos de música electrónica, estrenos de documentales y fiestas temáticas.

La cuarta y última sede de la Huevera fue una casita en el centro de Gràcia de alquiler muy elevado. Entre semana la compartía con varias terapeutas que tenían allí su consulta, y ayudaban a pagar parte del alquiler, y los domingos empecé a programar espectáculos de nivel muy alto.

Desde el primer momento, supe que aquel proyecto jamás daría dinero, sólo gastos, ya que descontando la compra de bebidas —había barra libre—, todo lo que se recogía iba a los artistas.

Sin embargo, pasada la novedad, al cabo de los meses el público fue siendo cada vez más escaso. Yo había imaginado que los artistas que actuaban acudirían a ver a otros artistas, creándose una burbuja de creatividad en las que unos apoyarían a otros. En la práctica, eso casi nunca sucedía.

Los artistas querían ser vistos y escuchados, pero luego no iban ni siquiera a los conciertos de sus amigos. Un grupito heroico de espectadores siguió viniendo a dar apoyo, pero las más veces tenía que conseguir el público a punta de pistola para que el artista no se decepcionara al encontrar una sala vacía. A menudo pagaba yo la mitad de las entradas para que el ponente o la banda se llevaran algo.

Seguí con esta estupidez, porque incluso los sueños tienen su inercia, hasta que me di cuenta de que estaba agotando mis reservas de dinero y tiempo para mantener algo que tal vez sólo me interesaba a mí. Devolví la casa a su dueña y desde entonces ya no ejerzo de programador alternativo.

Pero ya que hablamos de casas, volviendo a mi historia es importante explicar qué pasó cuando dejé el minúsculo piso del Borne para mudarme a Gràcia.

102

Había encontrado en la calle Tagamanent un apartamento que costaba prácticamente lo mismo que el zulo donde vivía, pero era el doble de grande. Antes de seguir, merece la pena saber algo sobre el nombre de esta calle, que se encuentra en el corazón del barrio gitano de Gràcia.

Se llama así por una montaña del Montseny donde un niño desapareció y nunca fue encontrado. Quien bautizó este lugar de triste recuerdo, invirtió la palabra «*nen amagat*» –niño escondido– para esconder en la palabra a su protagonista. Quedó, por tanto, Tagamanen, a la que se añadiría una «t» final por la normativa del catalán.

Cuando me enseñaron el piso, supe desde el primer momento que deseaba vivir allí. Era largo y bastante luminoso, y la parte del salón daba a un enorme patio de casas lleno de gatos. No se oía un solo coche.

Le dije al comercial que me quedaba el apartamento y fui a la agencia a pagar el depósito y el mes en curso.

—Para hacerte el contrato de alquiler y darte las llaves, necesitaremos que firme un avalador –me advirtió la empleada, al ver que yo no tenía sueldo fijo–. Pero no te preocupes, basta con que cualquier familiar traiga su nómina o su pensión y firme. Es una formalidad.

Mi madre trabajaba en casa, no podía demostrar ingresos. Mi hermana, pese a ser mayor que yo, no estaba contratada en ningún sitio. Sólo podía pedírselo a mi padre. Tras casi cuarenta años de auxiliar administrativo en la misma empresa, le había quedado una pensión decente.

Le expliqué que el piso al que me trasladaría era mucho más grande que la caja de cerillas donde vivía, por una diferencia de sólo treinta euros. Nunca había tenido problemas para pagar el alquiler anterior y, por lo tanto, tampoco los habría en éste. Daba suficientes clases de idiomas para mantenerme.

Convencido con eso, me acompañó a las fincas y estampó su firma.

Yo devolví las llaves a mi antiguo casero, que me dio un par de semanas para que sacara mis cosas de allí. Al ser una zona muy turística de Barcelona, al lado de Santa María del Mar, al cabo de veinticuatro horas ya tenía un inquilino.

Gasté el último dinero que me quedaba para pagar el inminente traslado de mi piano y de los muebles. Y entonces estalló la bomba.

Mi padre me llamó para decirme que había cambiado de opinión y había regresado a las fincas a retirar el aval.

—Pero... –murmuré, incrédulo– ¿Cómo has podido hacer eso? ¿Y por qué?

—Tengo miedo de que no puedas pagar y lo resten de mi pensión.

No hubo más explicaciones. Al colgar, en estado de *shock*, me di cuenta de que lo iba a perder todo. El piso del Borne ya no era mío y, sin avalador, no habría contrato y el piso iría a otro arrendatario. Tal vez perdiera incluso el depósito que había dado con todos mis ahorros.

Estaba tan hundido que fui a beber algo con Joan, un músico de Gràcia que conocía desde hacía poco. Había actuado en un par de hueveras. Al contarle lo que acababa de pasar con mi padre, se puso muy serio y dijo:

—Vayamos mañana por la mañana a esas fincas. Yo mismo te avalaré.

Impresionado por su gesto, le pregunté si tenía una nómina suficiente para que aceptaran su aval.

—Gano setecientos euros al mes –reconoció con modestia–. Pero me pondré mi único traje, el que uso para los funerales. No saldremos de allí hasta tener el contrato del alquiler en la mano.

Y así fue. En este proceso lamentable, perdí a mi padre un poco más, si cabe, pero gané un amigo.

103

Ya instalado en el barrio gitano de Gràcia, donde viviría quince años, empecé una larga relación con Katinka, mi mejor amiga.

Su padre, pintor y *late bloomer* en toda regla, fue para mí un ejemplo poderosamente inspirador.

Después de pasar por muchos oficios acabó trabajando en una joyería, donde su rebeldía y creatividad le ocasionaron un sinfín de discusiones.

Todo se torció el día que Gerard Rosés forjó unos anillos cuadrados para una pareja a punto de casarse. Aquella iniciativa le trajo muchos problemas y acabó abandonando la joyería para dedicarse a lo que siempre había soñado: la pintura.

Tenía casi cuarenta años y dos hijas pequeñas. Aun así, con el apoyo de su esposa, empezó a ir a clases de pintura mañana y tarde hasta que, dos años después, hizo su primera exposición.

Como no tenía dinero para comprar lienzos, había empezado a recoger cartones de la calle para pintar sobre esta superficie inusual. Una particularidad que se convirtió en su sello personal. Tres décadas más tarde, había expuesto en una docena de países y vivía de sus sueños de cartón.

Hace unos años que nos dejó, pero su historia demuestra que los sueños son libres de impuestos, en el sentido de que la edad, la economía o incluso las obligaciones familiares no son una barrera para quien ha decidido entregarlo todo a una pasión.

Gerard fue como un padre para mí, hasta el punto que aparece con su propio nombre en *Retrum*, donde el pintor del pueblo es el único capaz de comprender al torturado protagonista. Reproduje sus propias palabras:

—Si te prohíben los anillos cuadrados, busca un mundo propio donde sí puedas hacerlos.

104

Entre los trabajos que hice antes de ingresar en el mundo editorial, tuve un empleo realmente singular. De éstos que crees que sólo pueden existir en las novelas de Murakami.

Me contrató seis horas al día un vendedor de pasta de papel que tenía como oficina su piso de soltero. Mi misión era atender los correos y las llamadas de posibles compradores, es decir, las empresas papeleras que pudieran estar interesadas en las toneladas de pasta de papel que llegaban en grandes barcos.

Para entender este trabajo, debo aclarar algunos factores:

- En aquel momento existían sólo tres o cuatro vendedores de pasta de papel en todo el país, y sus clientes eran un número limitado de empresas papeleras. Una de ellas era Scottex.
- Mi jefe no pasaba casi nunca por la oficina, con lo cual estaba totalmente sólo al mando de aquel negocio.
- La media de llamadas de compradores era una o ninguna al día. El 99 % del tiempo no tenía nada que hacer.

Eso sí, cuando un cliente se interesaba por la carga de un barco, se negociaba una cifra muy elevada. En estos casos, yo buscaba las especificaciones técnicas de la pasta que había llegado a puerto para informar al cliente.

Si había luz verde y la venta se realizaba, yo llamaba a mi jefe y le empezaba a preparar la documentación.

Eso podía suceder un par de veces por semana. El resto del tiempo no sucedía nada en absoluto. Estaba solo en aquel piso reconvertido a despacho, mirando un teléfono que no sonaba, con un ordenador delante cuya única actividad era mi intención de escribir un libro con el título *Cuentos robados*.

Además de ser el trabajo más descansado del mundo, estaba bien pagado. A menudo me embargaba la fantasía de meterme en horas de oficina dentro de la bañera que aún estaba en el piso. Sin embargo, aunque el vendedor de papel no acudía casi nunca, la posibilidad de que me cazara ridículamente en un baño de espuma me frenó.

En lugar de los cuentos, al final decidí matar las horas escribiendo una novela. Como la mayoría de obras primerizas, la idea era demasiado compleja para llevarla a buen término.

Se titularía *Noviembre* y constaría de cuatro momentos de la vida de un bala perdida, siempre en ese mes y yendo hacia atrás. Mi intención era que la cuarta parte, donde el protagonista sería muy joven, explicara la extraña situación en la que le conocemos en la primera parte.

La narración empieza con un indigente que ha perdido la memoria. Se encuentra en un tren, con un billete en la mano expedido veinte años atrás. Aún conservo el arranque:

Entonces el tren salió del túnel. Y el retorno a la luz se vivió en el vagón con un estallido de alegría controlada, el alivio de comprobar los límites de la oscuridad. Pero el hombre todavía aguantaba la respiración, como si la máquina hubiera atravesado una nube venenosa. ¿Cuánto tiempo habría pasado? ¿Dos, tres minutos? Quizás incluso menos.

Se levantó del asiento con dolor en todo el cuerpo, un dolor de haber dormido horas o siglos, aunque él no lo recordaba en absoluto. Al encarar el pasillo hacia el lavabo, tuvo que apoyarse varias veces en los pasamanos de las butacas para no caer al suelo, mientras se preguntaba, extrañado, de dónde le venía aquella repentina debilidad.

La puerta del WC se abrió, y de su interior salió un hombre grueso con el tiempo justo para echarle en la cara el humo de la última calada. Tras cerrarse con el pestillo, se sentó en la taza. Sólo las sacudidas del tren y el olor a meados evitaron que se quedara dormido automáticamente allí mismo. Pensaba sin pensar hasta que un puño enérgico llamó a la puerta con urgencias de primera necesidad.

—¡Un momento! –gruñó mientras se levantaba de golpe.

Ya estaba a punto de salir cuando un presentimiento hizo que se mirara en el espejo. El puño impaciente iba a llamar por segunda vez cuando lo frenó un grito largo y angustioso, comparable al de un animal que ha caído en una trampa.

Había escrito *Noviembre I*, de las cuatro partes que compondrían el libro, tras una breve estancia en Móra d'Ebre, un pueblo al sur de Cataluña donde situaría la historia.

Al terminarla, se la di a leer a un amigo que años más tarde publicaría varios libros. Días después me llamó por teléfono y me dijo:

—Francesc, ya lo he leído. Vamos a quedar, así que prepárate y aprieta el culo, porque voy a decirte cosas que no te van a gustar.

Me presenté, asustado y agradecido a la vez, ante mi primer lector sin compasión. Me fue enumerando todas aquellas cosas que no funcionaban en la historia, explicándome muy claramente por qué y las alternativas que tenía para solucionarlo.

Luego me remarcó los puntos positivos de mi narración. Eso es importante cuando juegas con la frágil alma de un autor.

Los días siguientes pensé mucho en todo lo que me había dicho. Asimismo, recibí una segunda opinión de un amigo vinculado al pueblo donde yo había situado a mi protagonista, un indigente que se instala a vivir en un almacén de tapones de corcho.

Tras leer *Noviembre I*, me llamó por teléfono y dijo:

—Francesc, te informo de que ni en Móra d'Ebre ni en los alrededores hay un solo alcornoque. Por lo tanto, olvídate de ese almacén de corchos.

Me quedé con la impresión de que el alcornoque era yo, pero de todos modos ya había decidido no seguir con esa novela. Nunca escribí las tres partes que faltaban y que darían sentido a la obra en conjunto. Guardé las cincuenta páginas en un cajón, donde dormirían el sueño de los justos. Aquello había sido un experimento, yo no tenía aún la vocación de ser escritor.

En el horizonte estaba a punto de encenderse una nueva estrella que guiaría mi vida durante una década.

105

Entré en el mundo de la psicología por la puerta de atrás. Como licenciado en Filología Alemana, algo raro entonces –y más aún hoy, que la carrera ha dejado de existir en Barcelona–, aproveché que las editoriales buscaban mi perfil.

Por aquel entonces, se compraban muchos títulos en esta lengua relacionados con el crecimiento personal y la espiritualidad. La madre de Katinka, que trabajaba en el Goethe Institut, vio una nota de un sello que solicitaba traductores de alemán y llamé de inmediato.

Me citaron en las oficinas de RBA, que entonces estaban en Gràcia, y me hicieron una prueba de traducción. Después del intensivo que había hecho en la EOI y de haber cursado la carrera en alemán, esta vez pasé la prueba sin problemas.

La editora me entregó mi primer encargo: traduciría *¡Saravá!*, un ensayo sobre las diferentes escuelas de magia brasileña. Por cierto, el libro estaba en inglés, pero lo vertí al castellano con facilidad y me sentí muy feliz de haber completado el reto.

Muy satisfecha con el resultado, la editora enseguida me llamó para traducir una segunda obra, *De la depresión a la ilusión*. Luego vendría una tercera.

Al publicarse el libro de magia brasileña, donde ya aparecía mi nombre como traductor, me contactó una editorial de la competencia para ofrecerme más trabajo. Todos los libros que me caían eran de psicología, espiritualidad o medicinas alternativas.

El editor jefe de este sello se llamaba Jaume Rosselló, que en su día había fundado la revista *Integral*. Puedo decir que casi todo lo que sé sobre esta industria lo aprendí de él.

Cuando nos conocimos en la editorial para recibir mi primer encargo, ya sin prueba alguna, me pareció muy similar a Woody Allen y con un sentido del humor parecido. Era un hombre excéntrico, con mil anécdotas que contar, y a la vez cariñoso y muy apreciativo. Te hacía sentir que eras el mejor traductor del mundo y que tenían suerte de contar contigo.

Mientras tanto, me había matriculado en el Postgrado de Edición de la Universidad de Barcelona, en el mismo viejo edificio donde había cursado Filología Alemana. Allí, expertos del sector nos enseñaban toda clase de cosas: corrección ortotipográfica, informes de lectura, maquetación en QuarkXPress, cómo hacer un presupuesto, la mecánica de las ferias del libro y muchos otros temas.

Para graduarte en el curso, había que elaborar un proyecto editorial que, como nos advirtieron los profesores, «jamás se publicará». Yo diseñé una colección de cocina étnica.

Uno de los profesores estrella era Jordi Nadal, fundador de Plataforma Editorial, del que ya me habían advertido que «o lo odias o lo amas». Recuerdo que irrumpió en el aula como un toro bravo. Sin más introducciones, preguntó a un chico que parecía un pajarillo asustado:

—¡Tú! ¿Dónde quieres estar trabajando de aquí a cinco años?

El chico se quedó blanco y se limitó a encogerse de hombros.

De todos los alumnos del postgrado, yo era el único que ya trabajaba en el sector. Y lo hacía a destajo. En mi piso de Tagamanent tecleaba de lunes a domingo, catorce horas al día, para cumplir con los compromisos que tenía con ambas editoriales. Estaba ganando bastante dinero, vivía exclusivamente de esto, pero no tenía vida.

Cuando entregaba una traducción y la editorial me pedía que fuera a recoger el siguiente encargo, la luz diurna me hería como a un vampiro que sale de la cripta.

Quizás por eso, cuando Jaume Roselló me citó en su despacho para preguntarme si me gustaría ser editor de mesa, no necesité ni un segundo para responder que sí. No podía imaginar que allí me esperaba el cielo, pero también el infierno.

106

Hasta mi primer día como editor, sólo había conocido a Jaume Rosselló, al que veía una vez al mes para recibir el nuevo libro para traducir y luego volver a mi cobijo. No tenía la menor idea de lo que se cocía ahí dentro.

La sección de autoayuda de esta editorial, que publicaba entonces diccionarios, enciclopedias y otras grandes obras, estaba compuesta por un editor de mesa —la misma función que tendría yo—, un coordinador editorial y una diseñadora. El editor jefe que me había llevado hasta allí estaba en su pecera, un pequeño despacho acristalado lleno de pilas de libros.

Aunque yo no estaba en plantilla y pasaba una factura de autónomo al final de cada mes, desde el primer día, el editor de mesa y el coordinador me hicieron saber que no era bienvenido.

Lo descubrí nada más sentarme a la mesa, donde mi primera tarea sería revisar las galeradas de un libro sobre el Ginkgo Biloba.

Aunque había hecho el postgrado de edición, no sabía exactamente qué tenía que hacer con el pdf desplegado del libro. Tras expresar mi apuro, el editor y el coordinador mantuvieron silencio, con la mirada concentrada en sus tareas. Querían que me estrellara cuanto antes para que no volviera.

Por suerte, en la vida hay a menudo un ángel de la guarda que aparece cuando más lo necesitas. En mi caso, se llamaba Anna Julià, la diseñadora del departamento. Me dijo en voz baja que aquellos dos no me ayudarían, y me explicó paso a paso cómo tenía que marcar los errores que viera en la maqueta.

El trabajo era sencillo, no tiene ningún misterio una vez te lo cuentan.

Superada la prueba, me fueron cayendo otras obras con cuentagotas. Hasta que no tuviese un contrato, sabía que el día que mi mesa estuviera vacía me iría a la calle. Por este motivo, mis enemigos del departamento procuraban que no me asignaran trabajos. Me tenía que espabilar para conseguirlos.

Uno de ellos decía a todo el mundo que yo no era editor, por mucho que hubiera cursado el postgrado, sino traductor. Mantuvo ese discurso durante todo el tiempo que estuve en aquella pesadilla de redacción. Me resultaba asombroso que justamente en un sello de libros de pensamiento positivo se practicara el *mobbing* de una forma tan sistemática.

Además de ponerme todas las trabas posibles, a medida que me afianzaba en el trabajo, aquellos dos intensificaron el acoso. Por la editorial pasaban muchos colaboradores —maquetistas, autores, ilustradores—, y supe por ellos mismos que les recomendaban que no me dirigieran la palabra.

Su plan era aislarme, hacerme el vacío hasta que me sintiera tan mal que no me quedara otro remedio que abandonar. Y eso acabaría haciendo, pero entre medio pasarían también cosas maravillosas.

Antes de explicar esa parte, me detendré un instante en los motivos por los que creo que los maltratadores se ensañaron conmigo, aunque dudo de que fueran conscientes del daño moral y psicológico que me estaban causando.

Estaban furiosos porque el editor jefe me había cogido enseguida confianza, lo cual les hacía sospechar que yo podía ser un trepa, alguien que aspiraba a ganar poder en la empresa.

Sin embargo, yo jamás he tenido esa clase de aspiraciones. Varias veces me han propuesto dirigir sellos editoriales y siempre lo he rechazado, porque soy un alma libre. No me gustan las jerarquías, las reuniones y mucho menos las intrigas de empresa. Nunca seré el jefe de nadie.

Mi buena conexión con el editor jefe, al que ellos se referían como «el enfermito», porque no comprendían su modo de pensar, se debía a dos cosas:

1. Por aquel entonces, la edición lo era todo para mí. Anhelaba aprender. Pensaba todo el día en libros, en colecciones y autores que hablaran de cosas que el mundo necesitaba saber. Cuando terminaba el trabajo en la editorial, leía revistas especializadas, investigaba nuevas corrientes y en la mesita de noche tenía siempre unas galeradas o un libro extranjero para leer.

2. Con sus defectos y excentricidades, para mí Jaume Rosselló era el padre, maestro y amigo que siempre había querido tener. Me encantaban sus anécdotas y ocurrencias. Podía pasarme una hora en la pecera escuchando sus historias. De hecho, empecé a escribirlas secretamente como inicio del libro que se llamaría *Barcelona Blues*.

107

El inspirador de esa historia decía siempre que «La vida está llena de mientrastantos». En los míos, acabé completando la primera parte de esa novela que narra las peripecias, romances y líos de aquel editor de autoayuda.

Dentro del ambiente desolador que había fuera de la pecera, trabé amistad con la secretaria que acababa de ser contratada en el departamento. Le gustaba mucho escribir y, de hecho, yo acabaría ayudándole a publicar sus novelas.

Sabiendo que le haría gracia, le imprimí aquellas primeras veinticinco páginas tituladas *La chica de la maleta*. Narraba la aventura de Jaume con una chica bohemia que, aquel verano, había recogido de la calle y alojado unos días en su casa. Todo lo que me había contado estaba en el relato, junto con algunas batallitas editoriales.

Ella lo guardó en su cajón, camuflado entre los contratos, para leérselo en la pausa del mediodía. Luego la prueba del crimen quedó allí.

Un domingo que el editor jefe había acudido a trabajar, algo habitual en él, mientras buscaba en el cajón de su secretaria el contrato de un autor, descubrió el pliego grapado de la primera entrega de su vida.

Cuando regresé a la redacción el lunes, vi con horror que la primera parte de *Barcelona Blues* estaba delatoramente sobre mi mesa. Entendí lo que había sucedido y me dije: «Acabo de perder el trabajo. Hoy me despide».

Entré muy asustado en su despacho para disculparme, pero el editor jefe me sorprendió al decir:

—Me encanta que escribas mi vida. A partir de hoy te llevaré a casa en coche cada tarde. Así te cuento más cosas sobre Ricardo Boix.

Ése era el nombre de su alter ego en la novela.

Así fue como logré completar los cinco episodios que componen esa pequeña novela que publicaría años después, aunque el capítulo central era mi aventura en Oseling.

La vida está llena de mientrastantos, sí, y yo me daba cuenta de que la mayoría son sólo un paréntesis vacío, mientras esperamos a que suceda lo importante, aquello que lo cambiará todo.

El solitario que se reserva el viaje anhelado a encontrar a alguien con quien merezca la pena compartirlo. El artista que malvive a la espera de ser descubierto por un mecenas que le impulsará al olimpo mediático. El emprendedor que espera a que cambie la situación económica para impulsar su sueño.

Los mientrastantos pueden suponer el 90 % de la existencia, cuando no el 100 %, ya que muchas vidas se consumen en la sala de espera de lo que nunca sucederá.

108

Más allá de estas conversaciones filosóficas, estaba tan metido en el mundo de la edición que mi cabeza iba a mil revoluciones.

Además de editar libros ya contratados, empecé a elegir obras para traducir o proyectos que precisaban un redactor. Creé incluso un par de colecciones nuevas. Un responsable de producción me comentó una vez que hacía el trabajo de todo un departamento.

En un viaje a Alemania, descubrí el «té rojo» de Sudáfrica, que carecía de teína y era totalmente desconocido en España. Existía un único libro sobre el tema en alemán, así que lo compré para proponer que fuéramos los primeros en publicar una obra sobre aquella infusión.

—Lo haremos... –dijo Jaume, reflexionando–, pero la gente ha de poder comprar esta hierba en las tiendas, ¿no crees? ¿Qué te parece si contactamos con algún distribuidor que lo importe y pague además la edición del libro?

—¡Es una idea estupenda! Pondremos su nombre y contacto en la última página, como *sponsor* de nuestro descubrimiento.

Manos a la obra, compramos los derechos del libro alemán, encargamos la traducción y una empresa de dietética se ofreció a costear la edición a cambio de salir anunciados. Ya estaba todo en marcha.

En el proceso de edición, sin embargo, surgió un dilema. La palabra para esa infusión no existía en español, por el simple hecho de que no se había usado nunca. Miré cómo se llamaba en diferentes países donde sí la conocían: en alemán era *Rotbusch*, que es la traducción de arbusto rojo, que sonaba muy mal en castellano; en inglés, *red bush*; en afrikáans era *rooibos*.

Pese a tener tres «o», o precisamente por eso, me pareció la palabra más bonita y exótica, por lo que decidí que así sería en castellano. El libro se publicó, dando a conocer el *rooibos* tal como la habíamos bautizado. En pocos años, esta saludable infusión se volvió enormemente popular, para alegría de aquel primer distribuidor y de los que se sumaron después.

Esto era lo que me entusiasmaba del oficio.

109

Tras editar decenas de obras de desarrollo personal, me di cuenta de que el contenido de la mayoría se podría resumir en una sola página. El resto era paja o repetición. Entonces me planteé la pregunta:

¿Por qué no hacer un autoayuda donde cada página condense la esencia de todo un libro?

Dispuesto a asumir el reto, me puse a redactar dos capítulos de muestra. Quería recoger propuestas de todas las disciplinas —oficiales y alternativas— para ser feliz, así que adjunté un índice completo de temas y un prólogo donde explicaba el origen de la idea.

Cuando puse el proyecto sobre la mesa de Jaume Rosselló, éste dio una ojeada escéptica al índice. Luego leyó uno de los capítulos y finalmente el prólogo.

Después de reflexionar unos segundos, me sorprendió con esta salida:

—Espérame aquí, que voy a lavarme los dientes.

En ese momento no supe encontrar el nexo entre la presentación de un proyecto de autoayuda y la higiene bucal. Tal vez tenga que ver con esto que decía Aldous Huxley: «El que se muestra demasiado elocuente al hablar de Dios, debería lavarse la boca con salfumán».

Cuando el editor regresó, cinco minutos más tarde, antes de decir si aprobaba o no el libro, me dio el siguiente consejo, tal como expliqué en un ensayo sobre la autoayuda:

—Un mago nunca debe desvelar sus trucos.

—¿Qué quieres decir? —pregunté.

—En el prólogo explicas cómo has hecho el libro. Esto un autor de autoayuda no lo hará nunca, porque pierdes autoridad y la gente lo que necesita son certezas. El lector debe creer que sabes de qué va todo esto.

—¿Y no sería engañar? –pregunté inocentemente.

—Al contrario. La gente está muy jodida y a nosotros nos ha tocado prescribir las recetas.

A continuación, me preparó un contrato que firmé allí mismo. Acababa de conseguir mi primer contrato editorial, pensé impresionado.

Mi futura vida había echado a andar, aunque el libro no se publicaría hasta dos años después. Apareció bajo seudónimo. Irónicamente, esta obra de principiante –el título es lo de menos– sería durante diez años el libro más vendido de este sello editorial donde las pasé canutas.

Se reeditó una decena de veces en varios formatos, además de traducirse a idiomas como el ruso, el coreano o el brasileño. También lo compró una revista de gran tiraje para ofrecerlo como regalo a todos sus lectores.

En este punto, aún no imaginaba que mi carrera como editor estaba cerca de terminar, como explicaré muy pronto. Pero antes vamos a resucitar un fantasma del pasado.

110

Tras casi diez años sin saber de Sarah, de repente un día llamó por teléfono. Sin que hubiera sucedido nada especial, en algún momento nos habíamos perdido la pista. Me alegré mucho de saber nuevamente de ella, y le pregunté cómo le iban las cosas.

—Prefiero que nos veamos para tomar un café –dijo–. Además, tengo un regalo para ti.

—Claro que sí, ahora me dejas intrigado...

—Es algo muy especial que me ha acompañado los últimos tiempos. Quiero que tú también lo tengas.

Nos citamos en el viejo café Canigó, en el centro de Gràcia. No la encontré cambiada. Conservaba la energía adolescente que me había enamorado tantos años atrás.

Necesitamos una hora larga para ponernos al día de rupturas y nuevas parejas, de cambios de vida, de trabajo y prioridades. Era como si esa década sin vernos no hubiera pasado.

Y entonces llegó el momento del misterioso regalo. Ella había puesto sobre la mesa un paquete pequeño envuelto en papel de seda. Yo hacía rato que tenía ganas de saber qué era, pero me esperé a que ella decidiera el momento. Finalmente dijo:

—Aquí dentro hay un libro que está en mi mesita de noche desde hace meses. Es mi libro de cabecera y quiero que tú también lo tengas.

Entonces deslizó el paquete sobre la mesa y yo lo abrí.

Me quedé sin habla. Firmado por mi pseudónimo alemán, acababa de recibir la versión pulga del *best seller* de autoayuda que había escrito yo mismo.

III

Tras un año trabajando como autónomo, la editorial me ofreció un contrato fijo en plantilla con muy buen sueldo. El sueño que albergaba cuando había empezado el postgrado en la universidad se había cumplido.

Aunque había empezado a escribir con éxito, mi pasión seguía siendo editar los libros de los demás. Nada en el mundo me parecía más importante que eso. Mi vida era ese trabajo y, además, ahora podría vivir con Katinka sin penurias económicas.

Con la nómina en la mano, compramos incluso un pequeño coche a plazos.

Sin embargo, los dos orcos que me habían hecho la vida imposible hasta entonces decidieron que, ahora que estaba dentro del todo, había que apretarme más las tuercas.

El tándem del *mobbing* había encontrado un tercer cómplice, un empleado recién contratado que pusieron de su parte y que se dedicaba a dinamitar todo lo que yo hacía. Si yo abría una colección, él intentaba cerrarla. Era un pobre diablo que no sabía que le estaban utilizando, ya que en cuanto yo me fui de la editorial, le hicieron la cama y perdió su trabajo.

Harto de aquellas miserias humanas, de vez en cuando desviaba la mirada de mi Macintosh hacia la ventana.

Me empezaba a plantear si valía la pena seguir aguantando todo aquello por bueno que fuera el sueldo, ya que me estaban haciendo odiar la profesión.

Desde aquella cárcel, porque ya lo sentía así, soñaba con huir a un país lejano, a cualquier lugar donde otra vida fuera posible.

Sin embargo, no era nada fácil dejar el trabajo fijo de editor que acababa de conseguir, después de tanto tiempo luchando por ello. Pero entonces intervino el azar y, con una jugada maestra, hizo que se precipitaran los acontecimientos.

112

La depresión no planeaba muy lejos. Empecé a desvelarme de madrugada, con muchas dificultades para volver a conciliar el sueño. Aunque trataba de convencerme de que el acoso moral no me afectaba, la sola idea de volver a la redacción disparaba mi ansiedad.

Una noche que me sentía especialmente intranquilo, salté de la cama y me puse a leer *El libro de la vida* de Jiddu Krishnamurti. Mientras seguía las reflexiones de este pensador indio, volvieron las preguntas que me asaltaban al mirar por la ventana de la editorial.

¿Existía alguna manera de salir del agujero donde me encontraba?

Si abandonaba mi empleo, el camino del *freelance* sería mi única alternativa. La vida de traductor había demostrado ser extenuante, y corregir estaba mal pagado y, además, no me gustaba. Sólo me quedaba ser escritor. Me ilusionaba sobre todo escribir ficción, para evadirme y ayudar a evadirse a otras almas atrapadas como la mía.

No obstante, llevaba suficiente tiempo en el mundo editorial para saber que, incluso si servía para eso, tardaría en vivir de mis novelas. En mi insomnio de las cuatro de la madrugada, me dije que podía escribir mis cosas unas horas al día y dedicar el resto de la jornada a obras por encargo. En especial, libros de autoayuda. Al fin y al cabo, había tenido que reescribir más de veinte.

Animado con esta idea, cogí medio folio y redacté una encendida declaración que titulé *Manifiesto de libertades de Francesc Miralles*. Debajo, repartidas en una serie de puntos, escribí cosas como:

1
«Nadie me puede obligar a consumirme en esa oficina».
2
«Tengo derecho a ser libre y a hacer con mi vida lo que yo quiera».
3
«Sé que soy capaz de vivir como escritor».

Creo que escribí media docena más de principios para empoderarme. Al final, la autoayuda se acaba contagiando.

Apaciguado con estas afirmaciones, doblé mi declaración de libertades y, tras guardarla dentro del libro de Krishnamurti, lo devolví a la estantería entre medio millar de volúmenes.

Lo que sucedió un par de meses después parece territorio de la magia, aunque Freud tendría otra opinión al respecto.

113

Con el paso de las semanas, olvidé totalmente esa noche de iluminación o de delirio. Como el recuerdo de un sueño, se fue desvaneciendo hasta que no quedó ni rastro.

Una mañana, el editor jefe me citó en su despacho para explicarme una antología de inspiraciones de amor que quería publicar. Tal como habíamos hecho otras veces, empezamos a tomar nota de posibles autores con ideas interesantes.

Cuando tuvimos ya más de quince, Jaume Rosselló me preguntó:

—¿Se te ocurre alguno más? Quizás hay demasiados literatos y necesitaremos algún maestro espiritual.

—Krishnamurti –dije sin dudar–. Tengo una antología suya, *El libro de la vida*, que incluye una sección dedicada al amor.

—¡Fantástico! No conozco este libro. ¿Me lo puedes prestar para que le eche una ojeada?

Aquel mediodía había decidido comer en casa, como medida de higiene para protegerme de la negatividad de la redacción. A mi regreso, entregué el libro de Krishnamurti al editor y me puse en mis tareas hasta muy avanzada la tarde.

Tras otra noche de sueño superficial, a la mañana siguiente volví a la oficina. Sobre mi mesa encontré *El libro de la vida* con un pósit escrito a mano por mi jefe que decía: «Esto es muy interesante».

«¿Qué tiene esto de interesante?», me dije, puesto que Jaume Rosselló poseía miles de libros de aquel tipo. Mientras lo ojeaba por pura inercia, de repente apareció la hojita doblada con mi declaración de libertades.

Sentí que un escalofrío me atravesaba la espina dorsal. Sabía a ciencia cierta que mi jefe lo había leído.

Con un profundo sentimiento de vergüenza, me pregunté qué podía hacer ahora que él conocía mi deseo de largarme de la editorial. La respuesta era evidente: «Ya que la casualidad ha hecho que lo sepa, confírmaselo tú mismo».

Estas cosas se hacen sin pensar, así que me levanté de inmediato de mi mesa y entré en la pecera.

—Vengo a decirte que me voy.

Se quedó blanco del susto, pero supongo que el descubrimiento de la hoja doblada le había preparado para aquello. Me trató con mucha amabilidad y luego salió a anunciar a mis compañeros –los amigos y enemigos– que yo me marcharía al cabo de los quince días prescriptivos.

Se hizo un silencio sepulcral.

114

Sin duda, los que se habían dedicado en cuerpo y alma a hacerme la vida imposible no esperaban ver tan pronto los frutos de su esfuerzo.

Uno de los primeros instigadores hacía una semana que había cambiado de trabajo, pero su compinche, el coordinador editorial, no tuvo reparos en telefonearle aquella misma tarde a escasos metros de mi mesa. Pude asistir a este inicio de conversación:

—Oye... que se va. ¿No te apetece volver?

Por las respuestas resignadas que siguieron, entendí que el editor de mesa no deseaba volver. Ya estaba bien en su nuevo empleo.

Fuera de esta última humillación innecesaria, en las dos semanas de trámite fui tratado con una amabilidad forzada que ponía de relieve el infierno que me habían hecho pasar. Sin embargo, yo estaba centrado en dejar mis tareas cerradas y ya no me importaba nada.

En mi última tarde en la redacción, me entró por correo interno un mensaje con remitente oculto. Venía de alguien del departamento, pero nunca he sabido de quién. Podía ser del editor jefe, que se había inhibido en aquel largo maltrato, o incluso de uno de mis enemigos.

El asunto era «UNA NOTA AMIGABLE». Y decía así:

> Lo que se aprende en la madurez no son cosas sencillas,
> como adquirir habilidades e información.
>
> Se aprende a no incurrir en conductas autodestructivas,
> a no dilapidar energía por causa de la ansiedad.

Se descubre cómo dominar las tensiones,
y que el resentimiento y la autocompasión
se encuentran entre las drogas más tóxicas.

Se aprende que el mundo adora el talento,
pero recompensa el carácter.

Se comprende que la mayoría de la gente no está
ni a favor ni en contra de nosotros,
sino que está absorta en sí misma.

Se aprende, en fin, que por grande que sea nuestro empeño
en agradar a los demás
siempre habrá personas que no nos quieran.

Esto es una dura lección al principio
pero al final resulta muy tranquilizadora.

P. Gardner

115

Quiero concluir este penoso episodio con una reflexión. Sin duda, cuando te ves obligado a recomenzar de cero por el odio o incomprensión ajenos, tu primer impulso es hacer justicia.

Una amiga abogada me dijo que si les ponía una denuncia por *mobbing* ganaría sin duda. Había decenas de testigos y el acoso moral había durado suficiente para poder llevar a juicio a aquellos tres y a la empresa que lo había permitido.

De hecho, después de mí, otra editora que entró en el departamento sufrió un acoso similar y, tras caer en una depresión, denunció a la empresa. Enseguida pactaron una indemnización para no ir a un juicio que habrían perdido.

Resulta irónico y triste que estas cosas pasaran en una división de libros sobre felicidad y desarrollo personal. Y, con todo mi pesar, mi maestro y hoy gran amigo, al ser jefe tenía su parte de responsabilidad.

De él aprendí que se puede ser un genio creativo, empoderar incluso individualmente, y no saber gestionar un grupo.

En cualquier caso, si no denuncié a la empresa por los daños sufridos fue porque en mi mente había una sola idea: pasar página cuanto antes. Enzarzarme en abogados, demandas y negociaciones para lograr la indemnización más alta posible me habría atado meses a aquel conflicto, tal vez años incluso. Habría tenido que buscar testigos, reproducir escenas muy dolorosas, pasar por peritajes de médicos…

No dudo de que habría obtenido una buena suma a cambio, y que habrían recibido todos un buen escarmiento, pero no era ésa mi prioridad. Mi única urgencia en aquel momento era vivir.

Antes de rematar esta parte de la historia, quiero compartir un aprendizaje que tuve en Okinawa un par de meses antes de la pandemia. Me parece muy a propósito de todo esto.

Después de que nuestro libro *Ikigai* se tradujera a casi sesenta idiomas, *National Geographic* nos contactó a Héctor García y a mí para que viajáramos con ellos a la aldea de los centenarios, como cierre de un documental sobre la inmortalidad.

Una de las cosas que sorprenden a los investigadores es que sea justamente esta isla el lugar donde más se vive del mundo, siendo la prefectura más pobre de Japón.

Un lugar donde, además, en la Segunda Guerra Mundial hubo 110 000 muertos —muchos de ellos civiles— en la invasión por tierra de las tropas norteamericanas.

La base que los vencedores mantienen hoy día en Okinawa es la mayor que existe fuera de Estados Unidos. Viven 20 000 norteamericanos con escuela, supermercados, un campo de golf... Se dice que las mejores playas de Japón quedan dentro del recinto cerrado de Kadena, como se llama esta enorme ciudad militar.

En cualquier otro sitio sería de esperar un rechazo frontal de la población local, incluso odio a causa de la brutalidad de la guerra y los miles de muertos entre los ancestros. Pero lo sorprendente es que no es así.

Además de los que viven y trabajan dentro de Kadena, en el resto de la isla hay muchos norteamericanos que han decidido establecerse allí. Muchos tienen una pareja local, hablan japonés y viven con gran respeto y felicidad en la cultura que les ha acogido.

Al preguntar a Adam Lewis, el *fixer* de nuestro documental, cómo se siente tras quince años viviendo en Okinawa, en una casita frente al mar con su mujer y su perro, nos contestó:

—De maravilla, la gente de aquí siempre me ha tratado con mucho cariño. ¿Sabes? Vosotros que investigáis la longevidad, creo que el gran secreto de los okinawenses para vivir tanto tiempo es su filosofía del perdón. No sólo han sabido perdonar todo lo que sucedió, sino que te acogen como a un amigo.

Esta actitud vital está muy enraizada en la cultura de Okinawa, ya que una de sus máximas es el *Ichariba choodee*, que se traduce como «Una vez nos conocemos y charlamos, pasamos a ser hermanos».

Una actitud extraordinaria que explica por qué la gente de esta isla está casi siempre de buen humor y en buenos términos con los demás. Sin duda, esto contribuye a alargar su vida y, además, la hace mucho más placentera.

Lo contrario, andar siempre enfadado y resentido, es una autopista a la hipertensión, el estrés y la ansiedad, entre otros trastornos que acortan la vida, además de un seguro de infelicidad. Y lo peor de estar enfadado con alguien es que mantener ese estado supone una mochila que hay que llevar a todas partes.

Yo no quería esa carga ni ninguna otra. No he olvidado lo que sucedió, y de hecho me ha resultado terapéutico contarlo aquí, pero sí he perdonado. Quiero pensar, como decía Sócrates, que nadie hace daño voluntariamente, sino que actúa mal por ignorancia.

Estoy convencido, por ejemplo, de que aquella gente no sabía que cada año se producen suicidios por casos de acoso laboral. Conozco una muerte de primera mano: el marido de una amiga que acabó quitándose la vida en el lavabo de la empresa.

Sobre las ofensas y golpes que recibimos en el camino de la vida, una vez un psicólogo me hizo la siguiente reflexión. Trazó una diagonal en un folio y dibujó varios muñequitos en distintos puntos de la cuesta.

—La vida es como esta pendiente —me dijo—. Cada cual actúa y reacciona desde el lugar donde se encuentra. Según tu grado de evolución, lo harás mejor o peor. Aunque nos cueste de asumir, cada cual hace lo que puede.

En fin, después de un largo viaje para sacudirme la angustia acumulada, regresé al precario mundo de los *freelance*, obligado a trabajar de lunes a domingo para llegar a fin de mes. Y, curiosamente, volví a cruzarme con aquellas dos personas que habían dinamitado mi carrera de editor.

El coordinador me contactó para ofrecerme colaboraciones con una pequeña editorial con la que tenía amistad. Creo que era su manera de limpiar su mala conciencia, y yo acepté algunos de esos encargos. Luego dejé de hacerlo porque no me sentía cómodo.

En cuanto al editor de mesa, reapareció como jefe de redacción de una revista para la que yo escribía hacía tiempo. El mundo editorial es muy pequeño y te acabas encontrando siempre a las mismas personas, que van cambiando de puesto.

Igual que con el responsable anterior, seguí entregando mi artículo mensual y tuve cero problemas. Yo era ahora un ente externo que enviaba sus trabajos desde casa; imposible considerarme una amenaza.

Tras un tiempo allí, me escribió un correo amable donde me anunciaba que le cambiaban a otra revista del grupo y que, por lo tanto, en adelante me atendería otra persona. Yo le deseé buena suerte en su nuevo puesto y seguí con lo mío.

Eso sí, mientras estuvo al cargo, en cada uno de mis artículos ponía bajo mi nombre la coletilla: *periodista y traductor.*

116

Hay una escena memorable de *La leyenda de la ciudad sin nombre*, protagonizada entre otros por Clint Eastwood, que tiene la siguiente conversación con su compinche:

—Hay dos tipos de hombres: los que se van y los que se quedan.
—Te equivocas. Hay dos tipos de hombres: los que van a alguna parte y los que van a ninguna parte. Yo soy ciudadano de ninguna parte y a veces aún echo de menos mi hogar.

Dicho esto, Lee Marvin empieza a cantar:

Yo nací bajo una estrella errante

Las ruedas fueron hechas para rodar
las mulas para cargar
Nunca vi a nadie que estuviera mejor mirando hacia atrás
Yo nací bajo una estrella errante

El barro te puede hacer prisionero y las llanuras te pueden dejar seco
La nieve puede quemar tus ojos pero sólo la gente te hará llorar
El hogar está hecho para salir de él en busca de sueños
que sin ninguna suerte nunca se harán realidad

Yo nací bajo una estrella errante

Así me sentía mientras volaba con mi pareja hacia Bombay tras dejar atrás aquella breve y tortuosa etapa de estabilidad.

Sin empleo ni uno ni el otro, ya éramos ciudadanos de ninguna parte.

Había invertido el poco dinero de mi finiquito en un viaje a la India que tenía que durar cuarenta y tres días. Queríamos recorrer el país de arriba abajo en tren, dormir en pensiones inmundas, penetrar en templos y conocer a santones. También pasaríamos una semana con el misionero Vicente Ferrer, que había respondido positivamente a nuestra carta.

En mi cuaderno tenía anotada una frase de este antiguo jesuita que había creado una fundación que atendía a un millón de personas en una de las regiones más pobres del mundo:

«Dios ha pensado en el ser humano desde el Big Bang. El futuro es infinito y la evolución del hombre es infinita también. Acabamos de nacer, prácticamente».

Al releer esta última frase, a diez mil metros de altura, sentí que un cálido fuego se encendía en mi corazón, llenándome de esperanza.

117

Aquel viaje me transformaría, lenta y silenciosamente, como una lluvia imperceptible que hace germinar flores que nadie sabía que estuvieran sembradas.

Allí escribí de inicio a fin mi primera novela. Fue en una libreta comprada en una tienda que apestaba a incienso. Crecía, bolígrafo en mano, cada tarde, cuando todo había cerrado y los indios se acostaban siguiendo el curso del sol. Era una narración para niños y empezaba así:

> Mi tío de la India siempre dice que la vida de cada persona debería ser como una buena novela: con un argumento interesante, mucha acción, buenos personajes y un sentido profundo. Un día le dijo a mi padre: «Imagínate que todo lo que has vivido hasta ahora estuviera escrito en un libro que pudiera encontrarse en las librerías. ¿Tú lo recomendarías?».

En medio de tantos cambios y accidentes, creo que éste ha sido siempre el *leitmotiv* de mi vida: otorgarle un argumento, aunque eso te lleve a vivir en una montaña rusa de acontecimientos, y no todos agradables.

Por mucho que lo pretendamos, el río de la vida no tiene un cauce estable. Lo cambian los lobos, pero cada cual debe estar atento a su navegación.

Vamos dejando atrás paisajes de dolor, resentimiento y desolación, mientras el río sigue fluyendo y se transforma sin cesar. A medida que avanzamos, conseguimos relativizarlo todo. Con la distancia, algunos dramas nos hacen reír, y entendemos que los golpes recibidos son producto de la torpeza o ignorancia de los que andan por la parte baja de la pendiente.

Hay que sentir lástima por ellos y seguir adelante, soltando todo lo que ya no nos sirve para la vida que estamos creando.

Si, tras darles reconocimiento, dejas atrás tu catálogo de amarguras, calamidades y malentendidos, así como las decepciones y heridas, los errores de los demás y los tuyos propios, entonces todo empieza de nuevo.

Como decía el misionero, el futuro infinito se abre ahora ante ti. Porque, cuando te liberas de todo eso, como las capas que cubren el corazón de la cebolla, lo único que queda es el amor.

118

Hacia la mitad de este libro que estamos ya cerca de cerrar, hablé de la dificultad de encontrarle un título y una portada.

El título quedó resuelto gracias a un músico británico y a los lobos de Yellowstone. Quedaba el peliagudo asunto de la portada. ¿Cómo representar un concepto tan complejo con una imagen?

Había que escapar de lo que en diseño se llama VACA-VACA. Es decir, si un libro se titula *La vaca*, en la cubierta no puede aparecer la foto de una vaca, porque eso sería doble. Entonces, ¿cómo hacer una portada para *Los lobos cambian el río* sin que aparezcan lobos ni un río?

En todo caso, no tendría sentido que estuvieran en la portada, porque el libro no va de eso. El título es sólo una metáfora sobre los maestros inesperados que cambian el curso de la vida.

Consciente de la dificultad, pedí al editor que me permitiera encargarme de la cubierta. Hice un primer intento con una amiga diseñadora y gran artista, pero no había manera de sacar a los lobos y al río de la ecuación. Después de varias pruebas, nos quedamos en el dique seco.

Aparqué el asunto hasta que, en una de nuestras conversaciones Barcelona-Tokio a las 8:15 de la mañana, Héctor me dijo:

—Éste es el libro de tu vida. Deberías hacerte un regalo y contratar al mejor portadista del mundo.

Le pregunté quién era ese genio y cómo podría contactarle. Héctor respondió:

—Yo le conozco. Es un catalán que vive desde hace muchos años en Tailandia. Tiene una empresa que se dedica sólo a hacer cubiertas, buena parte para Estados Unidos. Te saldrá caro pero, si le pasas el encargo, estará tres semanas sin pensar en otra cosa que no sea tu portada.

Le escribí tímidamente y enseguida me contestó al e-mail. Me proponía que hiciéramos un Skype la mañana siguiente.

Estuve una hora hablando con Xavier Comas, que me pareció más un místico zen que un diseñador. Con la cabeza rapada y una camiseta gastada, se encontraba en un patio rodeado de frondosa vegetación.

—Éste es un lugar secreto de Bangkok que enseño a poca gente —me dijo—. Si un día vienes, iremos.

Charlamos durante una hora sobre el *leitmotiv* del libro. Al cabo de un mes, me mandó por WhatsApp la portada que ilustra este libro y nos volvimos a llamar.

—Las piedras las he cogido de mi jardín —me explicó— y las he fotografiado sobre un papel de seda. El título lo he escrito yo con un pincel fino.

No necesité que me contara el sentido de la imagen. La piedra rugosa que va rodando por el lecho del río hasta perfeccionarse, tras muchas evoluciones, era la metáfora visual perfecta.

119

Todos somos, de algún modo, cantos rodados que evolucionan a fuerza de golpes, saltos y accidentes, arrastrados por el flujo irresistible de la vida. Sobre esto, Joseph Campbell, de quien hablamos en la primera parte del libro, comenta:

> Estamos en caída libre hacia el futuro. No sabemos adónde vamos. Las cosas están cambiando muy rápido [...] Todo lo que tienes que hacer para transformar tu infierno en paraíso es convertir tu caída en un acto voluntario. Es un interesante cambio de perspectiva; eso es todo: una gozosa participación en las penas, y todo cambia.

Participar gozosamente de las penas me parece un plan interesante. Tal vez sea incluso el motivo por el que decidí escribir estas páginas: quería comprender los juegos y las cabriolas de la vida. Con este fin he hablado de muertes y renacimientos, de padres biológicos y espirituales, del amor y la creatividad. Me he detenido apenas llegado a la treintena, cuando me atreví a escribir mi primera novela. Reconozco que me encantan los inicios.

Si algunas de estas aventuras existenciales han resonado dentro de ti, si te han procurado compañía o inspiración, doy por bien invertidos los nueve meses que he dedicado a la obra.

Empecé una mañana –ya lejana– en la que sentí que una parte de mi existencia había terminado. Ahora me doy cuenta de que eso sucede cada día, incluso a cada momento. En el instante mismo que cierres este libro, se abre ante ti una nueva vida. El mismo Buda lo dijo: «Siempre estoy empezando».

Agradecimientos

A Juli Peradejordi, por su amistad y por su valentía al darle una casa a este libro.

A Anna Mañas, por convertir los guijarros del río en diamantes literarios.

A Silvia Adela Kohan, por haberme acompañado, página tras página, mientras escribía esta historia.

A Anna Sólyom, lectora brillante y genial compañera de vida.

A Carla Gracia, por sus sabias aportaciones y comentarios a la primera parte del libro.

A Laura Mas, por su apoyo y por su cariñosa y profesional revisión del texto.

A Xavier Comas, por plasmar esta portada icónica.

A quien ha leído este libro, dándole una nueva vida y sentido.

Al hombre del pelo blanco: puedes ver que te he hecho caso.

A todos, gracias por acompañarme.